AF395870

EXTRAIT

DU JOURNAL

D'UN OFFICIER DE LA MARINE

DE L'ESCADRE

DE M. LE COMTE

D'ESTAING.

M. DCC. LXXXII.

EXTRAIT
DU JOURNAL
D'UN OFFICIER DE LA MARINE
DE L'ESCADRE
DE M. LE COMTE
D'ESTAING.

CETTE campagne eſt très-intéreſſante par
ſes événemens & par les circonſtances particulieres qui en ont été la ſuite. Elle pouvoit
produire de grands effets, ſi l'objet qui l'a fait
entreprendre avoit pu ſe remplir ; mais on
s'étoit trop promis avec des moyens fort in-
certains, pris au haſard, devenus plus foibles
encore, par l'inexpérience du général, dont
le caractere altier & préſomptueux ne per-
mettoit aucun conſeil ; muni d'un grand pouvoir, l'uſage qu'il en faiſoit ne pouvoit que
choquer les eſprits. Des menaces à tous propos, le plus ſouvent ſans motifs, toujours avec

A

cette autorité foudroyante qui révolte, de-voient naturellement lui attirer la haine de toute l'efcadre ; une défiance humiliante, des ordres captieux qui paroiffoient médités pour furprendre la bonne-foi des officiers comman-dans ; des précautions infinies pour les rendre refponfables des événemens & faire tomber fur eux au befoin l'irréuffite d'un projet mal conçu. Ajoutez à tant de fujets de méconten-tement, le manque d'égards envers tous les officiers fous fes ordres, même ceux qui après lui devoient avoir l'autorité du commande-ment ; une conduite auffi irrégulicre jointe à la dureté & à l'abus du pouvoir : employant dans l'occafion de préférence à d'anciens offi-ciers, contre tous les ufages établis, des jeunes gens fans la moindre expérience, qui deve-noient fes confeils dans les occafions les plus délicates, & dont tout le mérite étoit dans fes bonnes graces. Prévenu fans motif contre plu-fieurs, il faifoit naître les occafions de les molefter. En un mot, il conduifoit fon efcadre en vrai defpote, *par la crainte :* ce qui ne pouvoit qu'exciter un foulevement général & le faire haïr. Quelle union, quelle harmonie pouvoit-il y avoir dans une telle efcadre, pour concourir aux vues du général, & rem-plir celles du gouvernement ? C'étoient des plaintes continuelles, des mortifications don-nées & rendues à tout inftant : on doit s'at-tendre à de grandes fautes.

M. d'Eftaing, actif, infatigable, ne s'eft point épargné pour réuffir ! s'il avoit des con-noiffances proportionnées à fon activité & à

fon ambition, il feroit capable des plus grandes chofes; mais il n'a point d'expérience, il
a befoin de confeil, & fon caractere prévenu
& intraitable l'empêche de fuivre, pas-même
d'entendre les perfonnes capables de le guider:
c'eft ce qui lui a fait expofer fouvent impru-
demment & avec témérité, fans aucun objet
utile, l'efcadre du roi.

Parti de Toulon le 13 d'avril 1778, dans
un état d'encombrement inconcevable, il ne
voulut pas relâcher aux ifles d'Hieres par le
coup de vent forcé qui fuivit de près fa fortie,
& qui a fait tomber l'efcadre jufques dans le
golfe de Gênes. Cette relâche indifpenfable par
rapport à plufieurs vaiffeaux qui n'étoient pas
prêts, l'auroit mis dans le cas de mieux tenir
fa mâture, qui, ayant des haubans neufs,
prêtoit fenfiblement aux fatigues d'une mer orageufe; de forte que les mâts du Languedoc
beaucoup trop élevés fupportoient feuls, foi-
blement foutenus par les cordages, tous les
efforts d'un tangage très-dur & de gros roulis.
On peut confidérer cette époque comme la
premiere de fon démâtement. Les mâts étoient
tombés de l'arriere; il n'y eut qu'une opinion
dès ce moment dans l'efcadre, que ce vaiffeau
démâteroit au premier coup de vent; la relâche nous eût fait gagner au moins huit jours,
& ce tems étoit précieux pour trouver les Anglois dans la Delaware, puifque nous ne fommes arrivés que dix jours après leur départ.
Nous fommes reftés trente-cinq jours dans la
Méditerranée, traverfés toujours par les vents
contraires.

A 2

Ce fut vers l'isle de Madere, le 20 mai, après le départ de la frégate *la Flore*, qui est retournée en France pour y annoncer notre passage du détroit, que notre petite escadre représentant le corps de la nation, pavoisée comme un jour de fête, à l'imitation du général, déclara la guerre à l'Angleterre. Les instructions de la cour remises aux capitaines, lues aux états-majors, pourroient faire penser que M. d'Estaing n'étoit point autorisé par la cour à une déclaration de guerre aussi siguliere ; mais il pouvoit prévoir qu'elle seroit infailliblement déclarée, & que la cour ne seroit pas fâchée qu'il prît sur lui d'agir offensivement, se proposant sans doute de le désavouer s'il ne réussissoit pas. C'est bien là le caractere hardi du comte d'Estaing.

Les instructions remises aux capitaines portoient de se méfier des Anglois, d'attaquer toute flotte allant ou venant de l'Amérique, supposé que nous fussions en force supérieure, & de se rendre directement à Boston en cas de séparation.

Si la cour avoit ordonné la déclaration de guerre faite par M. d'Estaing, tout bâtiment quelconque, soit qu'il vînt des Indes ou de l'Amérique, étoit également de bonne prise. Pourquoi donc cette exception, d'attaquer, prendre ou détruire toute flotte allant ou venant de l'Amérique, & de nous rendre directement à Boston ? C'est que nous devions protéger cette ville en cas d'attaque.

Une preuve encore qui appuie ce que je viens d'avancer, c'est le combat de l'*Arethuse*, du

17 juin. La cour de France n'eût pas demandé réparation à la cour d'Angleterre pour l'insulte faite au pavillon en attaquant la *Bélle-Poule*, si elle eût donné des ordres précis au comte d'Eftaing de déclarer la guerre à la hauteur de l'ifle de Madere le 20 mai. Cette politique me paroîtroit blâmable, non-feulement parce qu'elle manque de bonne-foi, mais auffi parce que de l'infulte faite au pavillon François fur les côtes de la Bretagne, nous le vengions fur les côtes de l'Amérique d'une maniere réparatoire, en attaquant les Anglois auparavant qu'il y eût aucun manifefte d'une déclaration de guerre en bonne forme. Il eft cependant vrai qu'à cet égard les Anglois ne peuvent rien nous réprocher, puifqu'ils avoient déja commencé à prendre fur nous, & qu'ils nous attaquoient dans l'Inde.

Le premier juin, nous avons vigoureufement chaffé des navires que nous croyions Anglois, & qui enfuite ont été reconnus pour Hollandois, venant de Batavia, richement chargés. Le premier bâtiment Anglois que nous avons rencontré & pris, eft la *Chorlotte* venant de l'ifle Providence, une des Lucaïes, chargé de fucre, café & indigo, rencontré à la hauteur des Bermudes le 30 juin ; c'eft probablement le premier navire pris fur les Anglois de cette guerre, puifque la cour de France a demandé réparation pour le combat de *la Belle-Poule* le 17 du même mois. Comment concilier la conduite de M. d'Eftaing avec celle de la cour ?

Le 5 juillet , la frégate *l'Engageante* a combattu dans la nuit la frégate *la Rose* , corsaire de vingt-deux pieces de canon , dont elle s'est emparée après la résistance la plus courageuse ; il étoit commandé par le capitaine Doukins , dont la bravoure a mérité l'éloge de son vainqueur. Nous nous sommes emparés de *la Bonite* , qui étoit une prise de ce corsaire sur nous.

Le 7 juillet , nous avons donné chasse à la frégate *la Marcaid* de trente-deux canons , & nous l'avons forcé à se détruire. Un bateau Américain , rencontré à 150 lieues de la côte , nous avoit assuré que nous trouverions les Anglois dans la Delaware ; nous l'avions ramené avec nous pour nous servir de pilote ; il devoit en aller prendre dans la baie de Chésapeck ; le général l'avoit comblé de bienfaits , & fait remorquer par une frégate. Il fut à Chésapeck & ne revint plus ; il fit pis encore , ce fut de nous trahir , en prévenant Howe de notre arrivée.

N'ayant pas de pilote , sans aucune connoissance de la côte , l'embarras du général étoit extrême ; nous essayâmes de chénaller dans la Delaware : plusieurs de nos vaisseaux s'échouerent ; nous fûmes obligés de mouiller , & de hasarder d'envoyer un canot avec un officier pour prendre langue à terre , sans savoir si cette partie de la côte étoit aux Américains ou aux Anglois. Nous avons su que ceux-ci avoient évacué Philadelphie , que leur dernier convoi étoit parti depuis dix jours pour New-Yorck.

L'escadre alloit manquer d'eau , plusieurs

vaisseaux n'en n'avoient plus que pour douze jours. Dans cette position, il convenoit d'en faire dans la Delaware ; tandis que le général auroit pu concerter avec le congrès & Washington, ce que l'escadre pouvoit entreprendre, & jusqu'à quel point elle pouvoit être utile aux Américains. Il auroit pu prendre des pilotes pour toute la côte : il ne fit rien de tout cela. Persuadé toujours qu'il pourroit surprendre l'ennemi, il débarque sur *la Chimere* l'envoyé de France avec M. Deane, fait voile aussi-tôt pour New-Yorck, mettant son escadre à l'économie de l'eau.

La nuit du 10 au 11 juillet, à l'entrée de New-Yorck, il s'est vu separé de son escadre pour s'être trop obstiné à la poursuite d'un bateau de guerre qu'il prit dans la nuit ; nous l'avons heureusement rallié dans la matinée.

Nous nous sommes présentés devant New-Yorck l'après-midi du 11 juillet ; les Anglois s'étoient retirés dans l'intérieur du port de Sandion avec leurs vaisseaux de guerre & les bâtimens de transport dans la riviere d'Hudson. Tout le fruit de notre empressement a été de prendre quelques bâtimens de transport, qui venoient avec confiance mouiller au milieu de l'escadre.

M. d'Estaing vouloit entrer à Sandion : il promettoit cent mille écus au pilote qui voudroit s'en charger ; mais cette promesse ne pouvoit servir qu'à le convaincre davantage de l'impossibilité de l'exécution, n'y ayant de fond que pour de petits vaisseaux ; ou, s'il y a du fond, comme on l'a assuré depuis, le passage est si étroit qu'il auroit été trop hafardeux de fe rif-quer, parce qu'un feul vaiffeau venant à s'é-chouer, il auroit fermé le paffage aux autres qui auroient été foudroyés par l'artillerie des vaiffeaux & des batteries de l'ennemi.

L'efcàdre manquoit d'eau ; on avoit effayé d'en faire dans la riviere de Schremburg, au péril de la vie, pour paffer la barre qui ferme l'entrée de cette reviere.

Après avoir perdu du monde fans pouvoir rapprovifionner les vaiffeaux, expofe un corps de troupes beaucoup trop foible pour foutenir une attaque de l'ennemi, dont toutes les forces étoient raffemblées dans cette partie ; on pro-pofa au général l'expédition de New-Port.

Le fecret ne fut pas affez gardé, le lord Howe en fut inftruit, des bâtimens de tranf-port y porterent trois mille hommes. Nous les voyions filer journellement le long de Longue-Ifland.

L'indécifion du général, dont le projet étoit connu, onze jours paffés devant New-Yorck, ont dû, en laiffant le tems à l'ennemi de fe fortifier, beaucoup augmenter les difficultés de l'entreprife de Rhode-Island, où nous avons paru le 29 juillet à deux heures après midi en ligne de combat, difpofés à forcer l'entrée du port.

L'étonnement de l'ennemi, qu'avoit produit la hardieffe de notre manœuvre, la bonne volonté de nos équipages affuroient la réuffite ; il ne pouvoit y avoir de doute fur le fuccès de l'entreprife, fi M. d'Eftaing avoit eu plus de confiance en fes propres forces.

Il fe laiffa gagner par les repréfentations du
général Américain Sullivan , qui , jaloux de
la gloire qu'il pouvoit acquérir , craignoit de
ne pas partager l'honneur de cette journée. M.
d'Eftaing prit le parti de mouiller devant New-
Port, & d'attendre que Sullivan eût raffemblé
fes milices , au grand étonnement de tous les
officiers de l'efcadre.

Les Anglois , que notre apparition avoit
d'abord intimidés , reprirent courage : on verra
combien ils craignoient , par ce que la peur
leur fit faire. Nous avons fu que les habitans
de New-Port tremblans avoient abandonné la
ville. Les Heffois , troupes mercenaires , au
moment de fe révolter , étoient difpofés à le
faire à la vue du moindre péril.

Deux petites frégates envoyées pour garder
la paffe de l'eft , intimiderent fi fort les Anglois , qu'une corvette de vingt canons de
douze , & deux galeres mouillées fous une
batterie fe font brûlées en le voyant paroître.
La batterie même a été abandonnée fans tirer un coup de canon. *Le Sagittaire* feul força
la paffe de l'oueft , détruifit une batterie , &
fut mouiller fans empêchement à la pointe
nord de cette ifle. Si l'efcadre étoit entrée
comme elle le devoit , par la paffe du milieu ,
mille hommes de troupes que l'ennemi avoit
poftés fur l'ifle , auroient été faits prifonniers ,
fans pouvoir fe défendre ; voilà des avantages
réels & fûrs que le général a bien voulu perdre , puifqu'il auroit auffi bien attendu Sullivan
dans le port que dans la rade , que cette
manœuvre refferroit l'ennemi de plus près ,

qu'en formant des batteries de canons & de mortiers fur le continent on auroit pu bombarder & détruire la ville. Rien de tout cela ne s'eft fait, par une conduite mal entendue, & par l'entêtement du général qui avoit donné toute fa confiance aux Américains qui le trompoient ; il fuivoit aveuglément leurs avis, fans daigner confulter en rien les officiers fous fes ordres, dont plufieurs avoient affez de connoiffances & d'expérience pour diriger fa conduite.

Il femble que fon amour-propre auroit fouffert d'un confeil ; qu'il craignoit de fuivre un avis qui ne fût pas le fien, comme fi un feul homme pouvoit penfer à tout. Il ignore fans doute que les hommes qui fe font le plus diftingués ne dédaignoient pas les avis des perfonnes qui en favoient beaucoup moins qu'eux ; & que dans plufieurs occafions l'idée la plus heureufe eft celle de l'homme qui eft le moins inftruit. Comme dans un confeil les avis font toujours foumis pour l'exécution au difcernement & à la volonté du chef, il peut donc, d'après fes propres lumieres, en faire l'ufage qu'il croit convenable & avantageux à fes deffeins ; le confeil ne détermine pas abfolument fa conduite. il fert feulement à l'éclairer.

Deux de nos vaiffeaux qui avoient paffé dans la paffe de l'oueft, s'aviferent d'un ftratagême qui leur réuffit, en gagnant pendant la nuit le vent à deux frégates angloifes qui venoient les obferver tous les matins au point du jour. Elles furent furprifes par cette manœuvre dans la matinée du 5 août, & forcées de se brûler à la voile. Cinq autres frégates ou corvettes, postées plus près de New-Port, s'imaginant que les deux vaisseaux étoient l'avant-garde de l'escadre qui entroit par cette passe, se brûlerent aussi. Nos succès venoient ainsi des plus petits moyens, par la timidité de l'ennemi : ce qui prouvoit au général ce qu'il pouvoit espérer de son escadre, s'il étoit entré le premier jour.

Sullivan ayant enfin rassemblé ses milices après onze jours d'attente, passés en chimeres & à observer l'isle Cononiant, le général s'est décidé à entrer ; il assembla auparavant les capitaines pour tenir conseil, mais plutôt pour la forme & pour sa sûreté particuliere que pour délibérer si l'on entreroit, puisqu'il commença à signifier qu'il avoit ordre du roi de forcer le passage de New-Port. Le roi n'avoit certainement pas prévu les cas où il se trouveroit, pour lui donner un pareil ordre. Il fut décidé que les vaisseaux entreroient couplés deux à deux, afin de pouvoir éviter plus facilement dans les intervalles d'un couple à l'autre les brûlots qu'il étoit probable que les ennemis auroient placés ; qu'on posteroit en-dehors de la passe, pour empêcher la sortie des bâtimens ennemis, *le Protecteur* & *la Provence.* Il est bon de se rappeller que ces deux vaisseaux, avec *le Fantasque* & *le Sagittaire*, étoient dans la passe de l'ouest ; qu'ils furent obligés de se touer pour sortir & venir prendre le poste assigné : ce qu'ils n'eurent pas le tems de faire, ainsi que nous allons le voir.

Le samedi 8 août, à trois heures après

midi , le paffage de New-Port fut forcé, felon les ordres réglés dans le confeil. Les huit
vaiffeaux n'éprouverent pas toute la réfiftance
qu'on devoit attendre du tems qu'on avoit
laiffé à l'ennemi pour fe bien préparer. Il fe
croyoit fi peu en fûreté, qu'il mit le feu à fes
magafins , & brûla le bois qui couvroit fon
camp. Le vaiffeau de la compagnie *le Grand-
Duc* , & deux frégates , qui reftoient mouillés
avec les bâtimens de tranfport fous la ville ,
protégés par les batteries , défendus encore par
une ligne de bâtimens coulés bas , qui empê-
choient nos vaiffeaux de s'approcher , ne fe
crurent pas en fûreté ; ils jugerent plus convenable de fe brûler tout de fuite , que d'attendre l'événement.

La timidité & le découragement des Anglois étoient extrêmes. J'écris comme j'ai vu ,
fans prévention ; j'en ai été d'autant plus frap-
pé , que je m'attendois à une réfiftance opiniâtre , conforme à ce fentiment d'orgueil qui
caractérife cette nation , & qui lui fait chercher
tous les moyens de fe diffimuler fa défaite ,
& de s'avouer vaincue.

Nos vaiffeaux mouillerent un peu au nord
de la ville , derriere la petite ifle Rofe-Ifland ,
qui lui eft oppofée. Le marquis de la Fayette
& Sullivan débarquoient alors avec dix mille
hommes dans le nord de l'ifle , protégés par
nos frégates. M. d'Eftaing devoit débarquer
dix mille hommes de fon efcadre : on nous
avoit fait paffer pour cela des bateaux plats.
La garnifon de nos vaiffeaux étant infuffifante ,

le général y avoit suppléé en enrôlant des matelots, armés d'une maniere aussi extraordinaire que la bizarrerie de cette idée. Cette classe d'hommes, dont le devoir est toujours forcé par la présence de ses officiers, se plaint trop souvent de la nécessité de le remplir, pour pouvoir compter sur elle dans une circonstance où elle auroit la possibilité si conforme à sa volonté de fuir le danger.

Une telle troupe n'est propre qu'au pillage; sans discipline, elle occasionne le désordre. Il suffiroit de la voir pour la juger. Sans pouvoir espérer aucun avantage du service des matelots comme soldats, le général s'exposoit à perdre des hommes essentiellement nécessaires à ses vaisseaux, impossibles à remplacer. L'escadre se trouvoit désarmée, hors d'état de remettre en mer; ces considérations n'ont pu l'arrêter, en ce qui est de son caractere de tenter fortune, de mettre tout au hasard, d'attendre l'événement pour se rendre à l'avis le plus simple, dans l'ordre naturel des combinaisons déterminées par le sens commun. Nous fûmes assez heureux pour que son projet n'eût pas lieu, & que l'escadre Angloise ait paru au moment qu'on formoit cette singuliere troupe.

Il étoit trois heures après midi du 9 août, lorsque, *le Guerrier*, qui appareilloit pour protéger la descente, signala l'ennemi. M. de la Fayette pressoit la descente : il avoit annoncé qu'il s'étoit emparé d'un fort dans le nord de l'isle. Déjà nos soldats & matelots s'embarquoient dans les bateaux plats, lorsque le signal d'apparition de la flote ennemie vint changer le plan d'attaque en celui de défenfe.

Tous les capitaines de vaiffeaux comman-dans retirent dans le moment leur monde, fans attendre l'ordre du général, avec tout l'empreffement que leur pofition exigeoit, ayant à craindre d'avoir l'ennemi fur les bras auparavant d'être en état de défenfe. La pofition de l'efcadre étoit dangereufe ; il falloit la changer, pour ne pas s'expofer au péril évident des brûlots. Chacun le difoit, & on perdoit le temps à le dire ; le général ne donnoit aucun ordre ; fa férénité furprenoit, fans diminuer les inquiétudes fur le danger de l'efcadre du roi dans la pofition la plus critique.

Enfin à la nuit, le général affembla les officiers généraux & capitaines commandans ; nous penfions que c'étoit pour un confeil. Jamais fituation ne fut plus exigeante, il n'en fût pas queftion. M. d'Eftaing donna le plan d'un emboffage le plus mal conçu qu'on puiffe imaginer, dont le défavantage s'offroit au coup-d'œil de l'homme le moins inftruit ; ordre de l'exécuter. Par cette pofition ordonnée, les vaiffeaux fe mettoient dans l'impoffibilité de pouvoir éviter aucun des brûlots de l'ennemi, fans qu'on y gagnât l'avantage d'une plus belle défenfe.

Ceci n'eft qu'un réfumé, je paffe légérement fur les faits, je ne veux que rapeller les principales époques.

Les réflexions judicieufes des chefs de divifions & capitaines commandans ne purent rien changer à l'ordre abfolu du comte d'Eftaing ; on travailla toute la nuit pour fe pofter le plus mal poffible ; il étoit jour, les équipages étoient rendus de fatigue, que nous n'avions pas encore pu prendre nos poftes, lorfque par un hafard fingulier, auffi extraordinaire qu'inattendu, le vent paffa du fud-oueft (où il regne conftamment en été) au nord, favorable pour notre fortie en même tems qu'il empêchoit les Anglois de pouvoir entrer. Nous n'avions pas à héfiter, il falloit fortir, duffions-nous avoir à faire aux deux efcadres de Howe & de Biron réunies, parce qu'en ce cas notre perte étoit certaine en reftant. D'un autre côté, nous manquions d'eau pour pouvoir tenir la mer ; mais on y fuppléa en réduifant les officiers à trois gobelets d'eau par jour, & les matelots à deux.

Le vaiffeau *le Protecteur* s'étoit échoué dans la paffe de l'oueft, & nous défefpérions qu'il pût nous fuivre : *la Provence*, plus heureufe, étoit venu nous joindre en voyant paroître l'ennemi.

A fept heures du matin du 10 août, le général s'étant affuré que le vent étoit établi dans la paffe, pour ne pas expofer l'efcadre à refter en calme fous la batterie de Breton-point, fit le fignal de couper les cables pour forcer le paffage une feconde fois ; manœuvre fort hardie fans doute, mais indifpenfable.

Les vaiffeaux de l'avant-garde porterent dans la paffe à petite voile pour laiffer les tems aux autres de fe mettre en ligne, effuyant le plus terrible feu des batteries qu'on avoit confidérablement augmentées. L'efcadre eut environ foixante hommes hors du combat. On ne peut affez louer la bravoure des équipages : ils témoignerent la plus grande fermeté ; leur impatience de joindre l'ennemi après la fortie étoit extrême. Que ne pouvions-nous pas attendre après de pareils témoignages de leur courage, lorfqu'excédés de fatigue, ils pouvo ent à peine fe foutenir ! *Le Protecteur* vint nous joindre après notre fortie.

Nous diftinguions alors la flotte ennemie vers Blacq-Ifland, où elle avoit mouillé, coupant fes cables, mettant à la voile avec tout l'empreffement de la crainte. Les vaiffeaux formés en ligne couvroient les frégates & autres petits bâtimens de guerre que nous prenions pour un convoi ; ils fe placerent en échiquier dans le meilleur ordre poffible, en prenant chaffe ayant leurs petits bâtimens fous le vent ; nous fûmes fûrs dès-lors que nous étions fupérieurs en forces, que nous n'avions à faire qu'à l'efcadre de Howe compofée de petits vaiffeaux ; & nous comptions quatorze bâtimens en ligne, dont deux nous paroiffoient plus petits que les autres.

Le projet du lord Howe étoit digne de fa réputation ; fes combinaifons étoient juftes & raifonnées. Inftruit de tous nos mouvemens par l'infidélité des Américains du parti Torris, particuliérement d'un traître qui nous avoit été donné par le congrès, prévenu du débarquement de nos troupes & matelots, la réuffite étoit certaine. Peut-on être mieux averti, & ne fera-t-on pas furpris de voir paroître

l'efcadre

l'efcadre Angloife dix-huit heures après que nous fommes mouillés devant New-Port?

Si par l'événement Howe s'eft beaucoup expofé; il a fallu un miracle comme celui de voir paffer le vent au nord dans cette faifon, & par une fingularité remarquable, précifément au moment qu'il alloit donner dans la paffe du fanal; il amenoit avec lui tout ce qu'il falloit pour nous détruire, bombardes, brûlots, troupes de débarquement, avec lef-quelles il fe feroit emparé de l'Ifle Cononiant, que nous avions négligée, d'où l'on auroit pu nous réduire à loifir, en y établiffant des batteries de canons & de mortiers.

Le changement de vent avoit auffi changé la face des chofes; l'efcadre angloife fe trou-voit dans la pofition où elle avoit cru mettre la nôtre. Le lord Howe, monté fur la fré-gatte *la Vénus*, parcouroit la ligne de fes vaiffeaux, établiffant l'ordre, n'oubliant rien de ce qui pouvoit affurer fa retraite.

M. d'Eftaing, après être forti de la paffe en ordre de combat, fans avoir égard à la bonne contenance de l'ennemi, fit le fignal de chaffe & de forcer de voiles; les vaiffeaux rompirent alors la ligne, & chafferent l'efcadre angloife comme fi c'eût été un convoi; le général fe fépara du corps de l'efcadre qui faifoit route fur les vaiffeaux ennemis, rangea la terre de Blacq-Ifland pour couper la retraite à de petits bâtimens qui paroiffoient vouloir s'y re-fugier.

On ne peut voir une telle manœuvre de fang-froid. Chaffer de petits bâtimens lorfqu'il

y a une efcadre de douze vaiffeaux en ligne !
s'expofer à perdre l'avantage du vent ! M.
de Barras, qui commandoit l'avant-garde comme le plus ancien capitaine de l'efcadre, dé-
ploya toute fon expérience. Il fuivoit tous les
mouvemens de l'ennemi, fervant de frégate
à l'efcadre qui n'avoit befoin que de l'obferver. Cet officier fe trouvant près de l'ennemi
& n'étant pas fuivi, ayant à craindre de fe
voir engagé avec l'efcadre angloife fans être
foutenu, même enveloppé en la ferrant de
trop près, fe vit forcé de diminuer de voiles.
Ce fut alors que le général quitta la chaffe
marchande, pour venir prendre fon pofte.
Toute l'éfcadre étoit difperfée ; on s'approchoit
de l'ennemi, mais fon ordre.

Le général fit fignal à quatre heures de fe
former en échiquier ; manœuvre qu'il auroit
dû faire en fortant, ou bien chaffer fur deux
colonnes, faire attaquer l'arriere-garde de l'ennemi par les vaiffeaux meilleures voiliers, pour
retarder fa fuite. Il a fallu beaucoup de temps
pour que chaque vaiffeau pût prendre fon
pofte. J'ai vu cette manœuvre fort lente dans
l'exécution ; elle auroit pu être exécutée avec
plus de célérité.

L'ennemi avoit toujours confervé l'ordre
de l'échiquier ; il gagnoit du terrein pendant
que nous nous formions en ligne. La nuit
commençoit à fe faire, il ne falloit plus penfer à combattre ce jour-là. Les Anglois te-
noient la bordée du large, courant vent arriere
le vent au nord-eft. Le convoi tenoit une
route différente, paroiffant vouloir s'approcher

de Longue-Iſland ; nous n'avions pas de frégates pour empêcher la retraite de ces bâtimens :
c'eût été un grand avantage pour l'eſcadre,
en ce qu'elles auroient pu la guider, ayant
une marche ſupérieure aux vaiſſeaux, & obſerver l'ennemi de plus près.

Nous avons abandonné le convoi pour ſuivre les vaiſſeaux. Le général emploi un bateau
américain qui nous avoit ſuivi, pour aller
reconnoître les Anglois ; car juſqu'alors nous
ne ſavions pas au juſte le nombre & la force
des vaiſſeaux, l'éloignement pouvant nous
faire juger vaiſſeau ce qui n'étoit que frégate.
Il revint le ſoir faire un faux rapport. Nous
avons ſu depuis qu'il y avoit treize vaiſſeaux
de ligne & onze frégates : le reſte formant le
nombre total de trente-ſept, bombardes, galeres ou corvettes ; ce ſont ces bâtimens que
nous prenions pour un convoi, qui ſe ſont
ſéparés dans la nuit. Il n'étoit reſté avec les
vaiſſeaux que les plus groſſes frégates.

Le général fit ſuivre l'ennemi par ce même
bateau américain, après être convenu des
ſignaux qu'il feroit, ſoit pour annoncer qu'il
faiſoit route pour New-York, ou qu'il tenoit
le vent & paroiſſoit manœuvrer pour aller à
New-Port. M. d'Eſtaing craignoit qu'il n'eût
ce dernier projet, & le lord Howe étoit capable de cette manœuvre ; c'eſt pourquoi
nous fîmes peu de voiles, dans la crainte que
l'ennemi qui couroit toujours grand largue,
ne s'aviſât de mettre à ſec dans l'obſcurité de
la nuit ; de ſorte qu'au jour il ſe feroit trouvé

cinq ou fix lieues de l'arriere, & par conféquent au vent.

Le bateau américain n'a fait aucun fignal
pendant la nuit, nous ne l'avons plus revu.
Le lendemain au point du jour nous avons
reconnu l'efcadre angloife fous le vent à nous,
courant l'échiquier dans le même ordre que la
veille, faifant de la voile pour nous éloigner;
le général fit le fignal de forcer de voiles avec
coups-de canon toute la journée. Je ne puis
diffimuler que quelques capitaines fe font négli-
gés, & que quelques - uns ont diminué de voiles, lorfqu'ils fe trouvoient de l'arriere, n'étant
pas à leur pofte, le fignal du général prefcri-
vant de forcer de voiles pour joindre l'ennemi
le plutôt poffible.

A quatre heures du foir, *le Languedoc* &
le Zélé avoient joint l'arriere-garde de l'efcadre
angloife, laquelle étoit en ligne au nombre de
douze vaiffeaux, parmi lefquels l'on croyoit
généralement dans l'efcadre qu'il y avoit quelques frégates pour nous en impofer, & afin
d'empêcher que nous ne doublions leur ligne.
M. d'Eftaing, dans la même pofition que la
veille, fit le même fignal de fe former en ordre
de combat.

L'intention du général, qui étoit à la tête
de la ligne, étoit fans doute, que l'ordre de
combat fe formât le plutôt poffible, fans
avoir égard au rang, ni à l'ancienneté, & de
prendre fon pofte où l'on fe trouvoit ; ce qui
étoit indifférent pour le fuccès, puifque le plus
gros vaiffeau ennemi n'étoit pas plus fort que
le moindre des nôtres. Je ne fais par quelle

fatalité, ni pourquoi, chaque capitaine interprétant son signal, tous s'obstinerent à vouloir prendre le poste assigné au rang de leur vaisseau dans l'ordre de combat réglé ; ce qui a fait perdre beaucoup de tems, & encore une fois, la plus belle occasion qui puisse jamais s'offrir de combattre & de vaincre les Anglois.

Nous verrons la même chose arriver au combat de la Grenade.

Il est vrai que le coup de vent qui est survenu, auroit empêché le succès du combat ; mais devoit-on le prévoir ? Le tems est devenu tout-à-coup si mauvais, qu'il ne fut plus question de penser à combattre, mais de parer aux accidens d'un furieux coup de vent si violent dans la nuit, que nous craignions qu'il ne nous emportât les mâts.

Si la mer s'étoit élevée en raison de la force du vent, François, Anglois, nous eussions tous péri ; forcés d'obéir au vent, nous étions si près les uns des autres lorsqu'il commença, que nous devions nécessairement nous trouver pêle-mêle au retour du beau tems : il étoit donc essentiel de nous conserver ensemble. Nous eûmes la douleur de voir *le Languedoc* le lendemain matin démâté de tous ses mâts, nu comme un ponton ; ensuite *le Marseillois*, de son beaupré & de son mât de misaine.

La tempête ayant calmé, nous ne nous touvâmes plus que neuf vaisseaux ensemble ; *le Languedoc, le César* & *le Marseillois* nous manquoient. Le même soir, vers les dix heures, nous entendîmes distinctement le combat d'un vaiſſeau : ce ne pouvoit être que *le Languedoc* ou *le Marſeillois*. C'étoit ce dernier.

Nous en prévînmes M. le comte de Breugnon, qui ſe trouvoit commandant des neuf vaiſſeaux que la tempête n'avoit pas endommagés. Il devoit le voir comme nous, & nous ne pûmes lui perſuader ce qu'il étoit très-facile de diſtinguer , puiſque nous voyions le feu & que nous entendions les coups de canon. Nous nous ſommes tous époumonnés de lui crier , le priant de regarder , puiſqu'il ne vouloit pas entendre.

Cet officier général , dont l'inexpérience s'eſt fait remarquer dans toutes les occaſions , s'obſtina à ne vouloir ni entendre , ni voir , ni croire , & ne voulut pas revirer ſur le vaiſſeau attaqué ; il continua ſa route oppoſée , ſans ſavoir pourquoi , juſqu'à minuit , qu'il mit en panne pour attendre le jour.

S'il eût reviré , ainſi que le ſens commun l'exigeoit , il ſe ſeroit trouvé au matin près du vaiſſeau qui avoit combattu *le Marſeillois* , dont il auroit pu s'emparer. Celui qui avoit combattu *le Languedoc* ne l'avoit pas abandonné ; tous deux pouvoient être pris , & nous euſſions immanquablement rencontré pluſieurs autres vaiſſeaux de Howe. Il faut qu'une manœuvre abſurde , ridicule , nous empêche de profiter de l'avantage de notre réunion , en même tems qu'elle expoſoit nos vaiſſeaux maltraités au danger évident d'être la proie de l'ennemi.

Le Marſeillois avoit maltraité *le Renow* , avec qui il avoit eu affaire en lui lâchant ſa bordée à la portée du piſtolet ; *le Languedoc* auroit beaucoup plus maltraité *le Preſton* qui l'a combattu, ſi lorſque ce vaiſſeau l'a prolongé, M. d'Eſtaing ne s'étoit pas entêté à le croire hollandois. Il pouvoit, avec une artillerie auſſi ſupérieure, le couler bas, ou du moins le mettre hors d'état d'en rien craindre, tandis que celui-ci pouvoit le prendre, s'il avoit eu pour capitaine ſeulement un homme ordinaire. Quel avantage n'avoit-il pas ſur un vaiſſeau démâté de tous ſes mâts & ſans gouvernail ! En ſe poſtant de l'avant, il tiroit comme à un but.

Partie des vaiſſeaux mouillerent avec *le Languedoc* ſur le banc où il étoit lors de ſon combat. Le reſte de l'eſcadre fut à la chaſſe des Anglois ; *le Vaillant* prit *la Bombarde*, *le Tonnerre*, *l'Hector*, *le Sénégal*. Le premier a été détruit ſans néceſſité ; il auroit été très-utile à l'eſcadre, d'une conſtruction qui n'eſt pas ordinaire, & pouvant ſervir de modele. Il fut brûlé par humeur : il y avoit un tel empreſſement pour le détruire, que c'eſt un pur haſard que nous ayons pu en ôter les mortiers & les canons.

Dans le triſte état où ſe trouvoit l'eſcadre, c'étoit une néceſſité de gagner le premier port pour ſe réparer. *Le Céſar*, ſuppoſé qu'il n'ait pas été rencontré par l'ennemi, devoit être à Boſton ; perſonne n'imaginera que, n'ayant plus que neuf vaiſſeaux en état de combattre, on ait héſité de s'y rendre, étant aſſuré de l'arrivée de Biron pour l'avoir vu, & que nous aurions pris, ſi le général avoit fait chaſſer *le*

Tonnant & *l'Hector*, qui étoient au vent de la *Princesse-Royale*, de preférence au *Fantasque* & au *Sagittaire* qui étoient sous le vent.

Comment M. d'Estaing ayant la certitude de la jonction de l'escadre de cet amiral à celle de Howe, a-t-il pu s'obstiner à retourner devant New-Port ? C'est cependant ce qu'il a fait avec une témérité qui ne présente rien de louable que d'exposer sans utilité l'escadre du roi, lorsque l'ennemi savoit sa situation & l'état désastreux où l'avoit mis le coup de vent, & ne pouvoit manquer de venir à New-Port, soit pour le chercher, soit pour en faire lever le siege.

La seule raison qu'ait opposée M. d'Estaing aux représentations des capitaines, sur une manœuvre aussi peu convenable avec des vaisseaux hors d'état de doubler les caps & ne pouvant naviguer que le vent arriere, c'est qu'il avoit engagé sa parole d'honneur à Sullivan qu'il reviendroit à New-Port. Je doute qu'une pareille objection pût le justifier, & que la parole d'honneur de M. d'Estaing qui ne pouvoit prévoir ce qui lui étoit arrivé, soit équivalente pour la France à dix mille hommes & douze vaisseaux de ligne qu'il exposoit pour la remplir.

Il vouloit plus faire encore, après avoir échappé par un miracle au projet de Howe, c'étoit de rentrer de nouveau à New-Port malgré l'impossibilité démontrée d'y entrer son vaisseau. Il suivoit dans ce projet le sentiment de Sullivan, qui prétendoit que l'escadre du roi étoit faite pour se brûler, si en s'y expofant, elle pouvoit être utile aux Américains.

La conduite de cet Américain nous la fait foupçonner d'intelligence pour travailler à notre perte. On fait l'outrage fait à la nation pendant le fiege de New-Port, en donnant pour mot que les François étoient des traîtres qui l'avoient lâchement abondonné. Le marquis de la Fayette a réprimé fur-le-champ l'infolence des propos de Sullivan, & l'a obligé à fe rétracter publiquement.

M. d'Eftaing tarda peu à avoir la preuve de la fageffe du confeil de fes capitaines de vaiffeaux commandans. Il a fans doute reconnu fon imprudence, puifque s'il n'avoit pas pris le parti de paffer entre les bancs de Saint-George & de Nantuket, où jamais efcadre n'avoit paffé avant nous, les Anglois qui nous fuivoient en queue & qui y ont paffé eux-mêmes pour la premiere fois, nous coupoient le chemin; ils fe feroient trouvés devant Bofton à nous attendre, auparavant que nous euffions fait le tour du banc. De l'aveu des prifonniers, jamais aucun vaiffeau anglois ne s'étoit avifé d'y paffer; cependant Biron a fuivi la même route : s'il avoit fait le tour du banc de Saint-George, il n'auroit pu fe préfenter devant la baie de Bofton deux jours après que nous y avions mouillé, & il arrivoit encore affez à temps pour prendre l'efcadre, s'il avoit eu affez de hardieffe pour entrer dans la rade de Nantuket.

M. d'Eftaing s'étoit refufé aux avis qu'on lui avoit donnés d'élever des batteries pour

mettre l'escadré en sûreté : elle étoit mouillée sans ordre, comme dans un port fortifié.
Il n'aime point à prévoir le danger, il croit
timide ce qui est prudent. Il sentit sa faute :
en voyant paroître l'ennemi, son courage fut
étonné du danger où il voyoit l'escadre, mais
trop tard; il avoit perdu trois jours sans rien
faire, & il n'avoit plus assez de temps.

Les Anglois auroient eu bon marché de cette
escadre, s'ils avoient osé entrer ; des équipages épuisés, exténués de fatigue, malades,
découragés, on ne pouvoit en espérer que
la plus foible défense. Pourquoi les Anglois
n'ont-ils pas osé le faire ? C'est qu'ils nous
croyoient apparemment dans une meilleure
position. Le monde que nous avions sur l'isle
Saint-George & Nantuket, occupé à traîner
des canons, a pu leur faire croire que nous y
avions établi des batteries. Peut-être aussi
croyoient-ils nous trouver dans la rade du
Congrès, & venir mouiller à celle de Nantuket pour nous tenir bloqués autant de tems
qu'ils jugeroient convenable à leur intérêt,
avec seulement six vaisseaux & des troupes
pour occuper les isles. Il ne pouvoit plus
sortir un corsaire de Boston.

Ce qu'il y a de singulier, c'est que personne
n'avoit pensé, auparavant de les voir, qu'ils
pussent avoir un pareil projet, qu'il étoit si
naturel de prévoir ; chacun se plaignoit au
contraire de n'être pas dans la rade du Congrès. Le mouillage de Nantuket, disoit-on,
étoit dangereux, la tenue mauvaise ; l'escadre
ne pouvoit pas rester en sûreté dans cette rade.

Le motif de ce raisonnement est connu, c'est que l'on étoit trop éloigné de la ville de Boston, où tout le monde vouloit aller.

C'est ainsi que souvent de petits intérêts, la plus légere satisfaction reglent les avis d'un conseil. Dans celui tenu à Boston, l'exemple en est frappant, tous les avis furent unanimes d'entrer dans la rade du Congrès le plutôt possible, comme le seul endroit où l'on pouvoit être en sûreté contre les entreprises des Anglois. Déja trois vaisseaux y étoient entrés : si l'ennemi eût paru vingt-quatre heures plus tard, tous les vaisseaux y auroient été, & y seroient vraisemblablement encore. La satisfaction & le desir d'approcher de la ville de Boston avoit empêché les objections raisonnables qu'il étoit naturel de faire.

Il résulte de cette remarque, qu'un général ne peut être trop attentif si les personnes du conseil n'ont pas un intérêt particulier à donner un avis plûtot qu'un autre. Telle est la foiblesse de la condition humaine, que l'homme étourdit quelquefois sa raison pour rapprocher ses idées de son penchant, & met tout l'art possible pour s'abuser & se tromper lui-même, lorsqu'il veut justifier sa conduite & concilier sa délicatesse avec ses desirs. Nous devons donc au hasard & à l'empressement de l'ennemi à nous poursuivre, si nous avons occupé le poste avantageux de Nantuket.

Le Combat du *César*, avec le vaisseau *l'Iris*, n'offre rien d'intéressant : il l'auroit sans doute enlevé, malgré la présence de quatre des siens, trop éloignés pour pouvoir le secourir à tems, ſi des fautes de manœuvres répétées n'avoient ôté au *Céſar* tout l'avantage de ſa ſupériorité.

Le général Sullivan avoit écrit à M. d'Eſtaing une lettre injurieuſe à ſon départ de New-Port, que le général avoit envoyée au Congrès. Il oſa lui écrire encore à Boſton, qu'il avoit fui ſans motif raiſonnable, qu'il attendoit le ſecours de ſes vaiſſeaux pour achever la conquête de Rhode-Iſland. L'inſolente conduite de cet officier envers les François, auroit mérité d'être réprimée exemplairement, ſi le peuple Américain avoit un gouvernement fixe & des loix établies ; mais comment oſer punir des gens en place dans un pays où le peuple eſt tout & ſe conduit à ſa volonté, preſque toujours gouverné par ſon caprice plutôt que par la raiſon ? Nous l'avons éprouvé en arrivant à Boſton ; M. le comte de Saint-Sauveur en a été la triſte victime.

L'armée de Sullivan & Sullivan lui-même avoient prévenu le peuple contre nous, au point qu'on mit en délibération ſi l'on nous recevroit ; action injurieuſe, révoltante par ſon principe autant qu'elle étoit injuſte. Ils ne pouvoient reprocher au comte d'Eſtaing que d'avoir voulu trop faire pour eux, de s'être expoſé avec une hardieſſe téméraire, mettant au haſard ſon eſcadre, lorſque la cour lui recommandoit poſitivement de mettre ſon eſcadre en ſûreté contre des forces ſupérieures, & de n'attaquer l'ennemi qu'avec avantage.

Nous avons à nous plaindre des Américains ; il ſe ſont refuſés à nos beſoins, n'ont pas fait pour nous tout ce qu'ils auroient pu faire : leurs services furent toujours pesés au poids de l'or ; ce n'étoit que par l'appât du gain que l'on pouvoit les arracher à leur indolence naturelle. Ils sembloient d'accord avec les Anglois pour les prévenir de tous nos desseins.

Nous n'avons reçu aucun avis intéressant de leur part ; ou bien ceux qu'ils nous ont donnés étoient faux. Un pilote & un officier donnés par le Congrès , nous ont indignement trahis. C'est que la plupart des gens aisés sont Torris , & ne soutiennent le parti américain que par la crainte de perdre leurs biens ; leurs cœurs sont aux Anglois : ceux-ci avoient usé d'une politique adroite depuis que nous avions paru sur les côtes de l'Amérique pour aliéner les esprits à notre égard , en semant sourdement que l'apparence de protection que le roi de France leur donnoit étoit trompeuse , & que son intention étoit connue de garder les conquêtes que son escadre pourroit faire ; que les François profiteroient de la simplicité des Américains pour s'insinuer dans leur pays ; qu'en croyant devenir libres , ils ne faisoient que changer de maîtres ; que le projet de la France étoit connu par la proposition qu'elle avoit faite à l'Angleterre de s'unir à elle pour les réduire , si l'on avoit voulu lui céder quelques postes. Tels étoient les bruits & les écrits semés par les Anglois , que le parti Torris avoit eu soin d'accréditer.

Les Américains sont faciles à tromper , indolens par caractere , soupçonneux ; ils croient toujours voir ce qu'ils craignent , & ne se donnent pas la peine d'examiner les raisons qui les portent à le croire, encore moins d'en chercher les preuves. Leur indolence est telle que nous avons vu l'ennemi détruire Betford à vingt milles de Boston, sans que le sénat fût instruit d'aucune circonstance, des forces, ni des desseins des Anglois ; ce fut M. d'Estaing qui envoya un officier pour être instruit de l'état des choses. Nous devons beaucoup à M. Hencock, qui a contenu le peuple, faisant lui-même patrouille la nuit : sans cela nous aurions été obligés de nous refugier à bord de nos vaisseaux & de n'en pas sortir.

Le manque d'ordre & la nécessité des besoins relatifs à la situation de l'escadre, joints à l'inexpérience de la personne chargée de la partie de l'administration, ont occasionné une dépense énorme. Les prises, assez considérables pour dédommager les équipages & les récompenser de tous les maux qu'ils ont soufferts, ont été pillées & perdues ; les comptes si peu soignés, que ce qui en reste ne forme pas la sixieme partie de leur valeur, qui a été employée à ravitailler l'escadre.

Les Américains en ont eu la majeure partie ; ils ne travaillent qu'à force d'argent, parce qu'ils sont tous dans l'aisance. Je n'ai pas vu un seul pauvre dans toute la partie de l'Amérique que l'escadre a parcourue ; ils sont intelligens, font très-bien tout ce qu'ils entreprennent ; mais peu actifs, & d'une nonchalance inconciliable avec la vivacité françoise. L'eau que l'escadre a faite à Boston est revenue au roi à plus de 4 livres la barrique, & encore étions-nous obligés de mettre nos matelots fur les bateaux du pays pour les faire agir & accélérer le travail.

Le général fut impénétrable fur fes deffeins : lorfqu'il partit de Bofton, il s'étoit enveloppé de tant de rufes politiques, que le fecret de fa deftination n'a pas même tranfpiré dans l'efcadre. La veille qu'il fe propofoit de partir, il fut à bord de tous les vaiffeaux ; il affembla les états-majors dans la chambre du confeil, rapporta fon combat avec *le Prefton*, & dit qu'il avoit été très-mécontent de fon équipage ; que M. de Broves n'avoit pas été plus fatisfait du fien, lorfqu'il avoit combattu *l'Ifis* : il conclut que cette conduite timide étoit naturelle aux matelots Provençaux, lorfqu'on fe trouvoit dans une pofition critique & qu'on avoit à faire à des forces fupérieures ; qu'étant, généralement parlant, plus fpirituels que les gens de cet état ne le font ordinairement, ils raifonnent fur tout, calculent le danger, & manqueroient abfolument, s'ils n'étoient retenus par la préfence des officiers. En conféquence il enjoignit, ordonna même aux officiers d'ufer de la plus grande févérité, fi nous avions un combat, de fe munir de piftolets & de brûler la cervelle au premier qui quitteroit fon pofte par crainte. Le motif de cette recommandation, c'eft que la veille le général Washington lui avoit écrit : » qu'il s'étoit » trompé en lui annonçant le départ de Biron » avec une flotte ; que cet amiral étoit forti » de New-Yorck fans la flotte, avec feize » vaiffeaux de ligne ; qu'on l'avoit affuré qu'il

» croifoit entre le cap Saint-Anne & les bancs,
» pour empêcher la fortie de Bofton. »

Cet avis auroit pu retenir à Bofton tout autre général que le Comte d'Eftaing, qui ne connoît de danger que celui qui eft fous fes yeux.
Il fe feroit cru humilié de la feule penfée que
Biron l'eût bloqué avec feize vaiffeaux. Il
ordonna le départ pour le lendemain; mais il fur-
vint un coup de vent de nord qui empêcha
notre fortie jufqu'au 2 novembre que l'efcadre
mit à la voile, ayant à fa fuite plufieurs navires
marchands qui vouloient profiter de notre efcorte autant de temps que notre route pourroit s'accorder avec la leur. Nous avions un
vent frais; vers le foir nous vîmes un bâtiment
dans le nord, qui reparut encore le lendemain
matin, auquel *le Sénégal* & *le Stranley* donnerent la chaffe. C'étoit *la Mouche*, de l'efcadre de Biron, que nous avons apperçue à
trois heures après midi par le travers du banc
de Saint-George.

L'horifon étoit pour lors orageux; nous
étions dans la noirceur d'un nuage par rapport à l'ennemi, qui probablement ne nous
voyoit pas, & ne nous auroit pas vus, fans
les bâtimens marchands qui nous avoient
fuivis, & qui s'étoient avifés de nous quitter
deux heures auparavant, faifant route dans
le fud-eft directement fur l'efcadre angloife, que nous avions cru voir à la cape
à la mifaine. Ces bâtimens ne l'ayant apperçu qu'en même tems que nous, quoique beaucoup plus près, firent vent arriere
dans nos eaux; de forte qu'ils guidoient l'ennemi,

nemi, & l'amenoient vent arriere fur nous, fuppofé qu'il les eût pourfuivis : ce qu'il auroit fans doute fait, fans un coup de vent de nord qui vint fort à propos changer la pofition de l'ennemi, qui ayant auparavant l'avantage du vent, fe trouvoit fous le vent.

A peine pouvions-nous tenir la mifaine, le tems chargé à ne pouvoir diftinguer les objets que de fort près ; l'ennemi & les marchands difparurent bientôt. M. le comte de Breugnon, commandant l'avant-garde, s'eft féparé vers le foir avec trois vaiffeaux de fa divifion, *l'Engageante*, *le Sénégal*, & *le Stranley*, pour n'avoir pas fait affez d'attention au fignal du général de faire route dans la nuit à l'eft-fud-eft. Le vaiffeau *le Vaillant* qui faifoit partie de fon avant-garde, qui avoit vu le fignal, quitta fa divifion pour s'approcher du général. M. de Breugnon a dû s'appercevoir de cette manœuvre ; & comme il eft impoffible qu'il n'ait pas vu le fignal du général, fuppofé qu'il n'ait pu le diftinguer, c'étoit un motif, pour obferver avec attention fa manœuvre, fur-tout en préfence de l'ennemi. Je ne crois pas poffible de trouver aucune raifon valable pour juftifier cette féparation, & elle s'eft faite dans un moment qui détruit tous les moyens que l'on voudroit donner pour pouvoir l'excufer.

Deux jours après, nous avons effuyé un furieux ouragan, qui a mis de nos vaiffeaux dans le plus grand danger : plufieurs démâterent de leurs mâts de hune ; *le Fantafque*, fe trouva tellement engagé, qu'il fut forcé de couper fon mât d'artimon pour pouvoir arriver ;

tous les vaisseaux furent séparés. On s'est rallié quelques jours après, au nombre de six, compris le général.

Le 28 novembre, nous avons eu connoissance par la prise de trois petits bâtimens chargés de chevaux & de munitions de guerre, d'une flotte ennemie de soixante-cinq voiles, dont ces bâtimens faisoient partie, escortés par cinq vaisseaux de ligne.

Selon les journaux de nos prises, la route tenue par cette flotte indiquoit qu'elle alloit aux isles du Vent ; en conséquence le général fit naviguer les vaisseaux de front, observant de grands intervalles de l'un à l'autre, pour embrasser plus d'espace. Malheureusement nous n'avons pas tenu cette route assez long-tems ; le général jugeant, après trois jours de poursuite au sud-sud-ouest, qu'il devoit l'avoir jointe, si elle n'avoit pas changé de route, a fait porter au sud-ouest sur la Desirade, où il croyoit qu'elle feroit son atterrage, supposant qu'elle alloit à Antigue. Nous l'avons attendu pendant trois jours inutilement ; elle étoit rendue à la Barbade, rendez-vous général de toutes les flottes venant d'Europe ou de la Nouvelle-Angleterre, parce qu'étant l'isle de leurs possessions la plus au vent, ils peuvent de-là faire passer promptement chaque partie du convoi à sa destination ; ce qui ne feroit pas aussi facile d'Antigue ou de toute autre isle située sous le vent de la Barbade.

Cette réflexion a été faite au général par un officier expérimenté dans ces mers, qui connoît les usages des Anglois. Nous avons repris dans notre croisiere un bâtiment pris sur les Américains par la frégate angloise *la Persée*, chargé de tabac, qui a été fort heureux de nous rencontrer, n'ayant plus que pour vingt-quatre heures de vivres. Nous sommes arrivés avec nos six vaisseaux au Fort-Royal de la Martinique le 6 décembre ; nous y avons trouvé tous les bâtimens de notre escadre au mouillage, excepté la critique *le Stranley*, qui a été pris pendant le coup de vent du 5 novembre par le vaisseau *le Culloden*, qui a traversé notre escadre, & auquel il s'est rallié, parce que ce vaisseau portoit, soit par hasard ou autrement, notre pavillon de ralliement.

Nous avons trouvé au Fort-Royal un convoi de vivres arrivé depuis peu de jours. Le général a ordonné que l'escadre en prendroit pour trois mois. Tous les vaisseaux se réparerent, tandis que le général assembloit les troupes, en en faisant venir de la Guadeloupe & de la Dominique, dans l'intention de faire l'expédition de la Grenade. Ces troupes arrivoient de toutes parts, lorsque nous eûmes avis le 14 décembre, que les Anglois nous avoient prévenus en attaquant Sainte-Lucie avec les troupes du convoi que nous avions poursuivi, protégé par sept vaisseaux de ligne aux ordres du vice-amiral Barrington.

La circonstance ne pouvoit être plus heureuse pour nous ; nous avions sept mille hommes prêts à embarquer, une escadre infiniment supérieure ; jamais assurément il ne se présentera une plus belle occasion d'humilier les Anglois ; il ne pouvoit y avoir de doute fur le fuccès ; le convoi, les troupes & les vaiffeaux étoient à nous ; notre feule crainte étoit de ne les pas trouver, & que Barrington n'eût appris l'arrivée de notre efcadre, qu'il ignoroit abfolument lorfqu'il a hafardé l'expédition de Sainte-Lucie.

A midi du jour de l'avis reçu, l'efcadre étoit fous voile avec un convoi de près de fept mille hommes de troupes réglées, fans y comprendre feize cents hommes que nos frégates amenoient de la Guadeloupe. Le trajet du canál qui fépare la Martinique de Sainte-Lucie, n'eft que de huit lieues. Les Anglois avoient mouillé la veille, par conféquent le plus jufte efpoir de les trouver ; plufieurs officiers penfoient que le général n'auroît dû appareiller que la nuit, afin de furprendre l'ennemi au point du jour. L'événement a fait voir qu'ils penfoient jufte : en partant comme nous avons fait il étoit immanquable que nous ferions reconnus le foir, & que les Anglois auroient toute la nuit pour nous bien recevoir.

Nous avons en effet été reconnus ; & deux vaiffeaux qui étoient dans le port de Carenage en fortirent pour prendre leurs poftes avec les autres.

A fix heures du foir, nous n'étions qu'à quatre lieues du gros iflet : n'ayant pas affez d'eau à courir, nous avons fait un bord au large : la nuit fut orageufe ; comme nous naviguions fans feux en filence, il n'étoit guere poffible de nous conferver tous enfemble.

Vers les trois heures, nous revirâmes le bord à terre ; à cinq heures & demie nous enten-

dîmes tirer deux coups de canon , ce qui nous
annonça , que l'ennemi y étoit. Nous l'avons
reconnu à six heures , mouillé au grand cul-
de-sac sous le vent du port de Carenage. Nous
étions tombés sous le vent par les grains que
nous avions essuyés pendant la nuit ; nos vaisseaux étoient divisés ; toute la matinée fut
employée à nous raillier. A dix heures & demie
nous étions en ligne excepté , *le Zélé* qui étoit
encore sous le vent ; *le Marseillois* étoit resté
au Fort-Royal , occupé à changer ses mâts
de hune : nous le vîmes alors forçant de voiles
pour nous rejoindre.

Nous trouvant assez forts sans ces deux
vaisseaux , le général placé à la tête de la ligne
après avoir fait le signal de dernier branle bas
& d'être prêts au combat , a fait route sur
l'ennemi mouillé en ligne dans l'ance du grand
cul-de-sac , avec sept vaisseaux de ligne bien
embossés , tenant tout l'espace depuis la pointe
du morne où ils avoient une batterie , jusqu'à
l'autre pointe stri-bord de l'ance ; les bâtimens
de transport tout-à-fait à terre derriere les
vaisseaux ; il y avoit quelques frégates placées
dans les intervalles d'un vaisseau à l'autre ,
qui étoient assez grands pour empêcher de couper leur ligne. Dès que le général fut par le
travers du morne du côté bas-bord , l'ennemi
commença par lui tirer dessus à toute volée ;
nous prolongeâmes sa ligne à la grande portée du canon , en examinant sa position. Il
auroit fallu ne pas tirer & mépriser une défense
inutile à cette distance , pour ne pas autoriser
cette confiance qu'il pouvoit tirer de sa pré-

somption naturelle, en se persuadant que nous craignions de l'approcher de plus près.

Le général en jugea autrement ; il fit le plus grand feu, & tous les vaisseaux suivirent son exemple. *Le Vaillant*, faisoit l'arriere-garde, la fumée de la canonnade avoit intercepté le vent, & il resta en calme pendant un quart d'heure. Tous les vaisseaux ennemis dirigerent leurs feux dessus, il essuya une grêle de boulets qui pleuvoient autour de lui ; il fut assez heureux pour n'être touché que dans ses manœuvres, & ses bâtimens à rames furent traversés.

Le général revira de bord au large vent arriere après avoir dépassé *Le Prince de Galles*, vaisseau du vice-amiral Barrington, le dernier de tous à stribord de la ligne. Cette passade qui exposoit nos vaisseaux à être démâtés, ne pouvoit produire d'autres effets que celui que je viens de dire, d'encourager l'ennemi, en lui persuadant que nous craignions de l'approcher de plus près. On a su ensuite que, lorsque nous nous sommes présentés, leurs équipages intimidés ne vouloient pas se battre, & que les officiers eurent beaucoup de peine à les y obliger.

M. d'Estaing envoya M. de Clonard sous-aide-major, à tous les vaisseaux de son escadre, pour leur dire que son intention étoit de combattre l'ennemi à l'autre bord en panne, de l'approcher de près & de manœuvrer le mieux que nous pourrions, pour parvenir à doubler quelques-uns de leurs vaisseaux : idée aussi remarquable que celle de combattre en panne, lorfque vous avez à effuyer des grains à tout inftant, & à réfifter aux courans, comment peut-on fe conferver immobile vis-à-vis d'un vaiffeau à l'ancre, qui peut par le moyen de fon croupiat, prendre une pofition qui lui foit avantageufe, fans qu'on puiffe le prévenir, qui faura profiter de toutes les pofitions que vous ferez forcé de prendre devant lui, foit par un grain, ou la moindre variation du vent, des abordages impoffibles a prévenir, ou quelques changemens dans la manœuvre ? On ne tirera d'ailleurs jamais auffi jufte qu'à la mer, où l'impulfion de la mer eft moins forte, & imprime moins de mouvement aux vaiffeaux.

Avec un projet d'attaque décidée, il falloit mouiller fur la bouée de l'ennemi ou l'aborder ; on l'auroit intimidé par cette manœuvre hardie, & l'affaire auroit été terminée à l'inftant. Nous avons fait un bord au large, rallié *le Zélé* & *le Marfeillois*. Il étoit quatre heures vingt minutes après midi, lorfque *le Zélé* qui conduifoit la ligne, a donné dans l'ance du grand cul-de-fac, avec ordre d'approcher l'ennemi de fort près ; dans ce moment nous avons effuyé un grain avec une fi forte pluie, qu'à peine nous diftinguions le vaiffeau qui nous précédoit.

Nous devions combattre en panne felon l'ordre ; mais contre l'attente de toute l'efcadre & fans néceffité, le général a quitté la ligne au milieu du feu ; il n'avoit pas doublé le quatrieme vaiffeau, qu'il arriva vent arriere ; par cette manœuvre, le canon de l'ennemi l'enfiloit de l'arriere à l'avant ; tous les vaiffeaux qui le suivoient, se rangerent dans ses eaux, présentant l'arriere à l'ennemi.

Nous nous sommes tous vus le bord au large après avoir essuyé le feu de tous les vaisseaux de Barrington & de deux batteries, au risque d'être démâtés, sans que nous pussions espérer le moindre avantage dans cette maniere extraordinaire de combattre. Tous les vaisseaux ont souffert dans leur mâture & grément. M. de Clonard, officier-major, a été tué; M. Destouret, lieutenant de vaisseaux, a eu les deux mollets emportés, tous deux sur *le Languedoc* & à côté du général. Les mauvaises dispositions de cette journée ont coûté la vie à beaucoup de braves gens.

Il y avoit un arrangement bien simple à faire, qui étoit de coupler les vaisseaux, de donner à chaque couple un des vaisseaux anglois à réduire, ou bien de mettre l'escadre sur deux colonnes, l'une d'elles destinée à passer dans les intervalles des vaisseaux ennemis, la distance des uns aux autres étant assez grande pour y mouiller, les prendre en enfilade de l'avant à l'arriere, s'effaçant un peu par la hanche pour ne pas tirer les uns sur les autres. La seconde colonne auroit prolongé l'ennemi en-dehors, feroit venu mouiller vis-à-vis, en s'embossant pour présenter le travers. Cette manœuvre faite hardiment nous auroit rendu maîtres des vaisseaux ennemis en moins d'une heure de combat; on ne peut mettre l'événement en doute, ayant des vaisseaux beaucoup plus forts en artillerie, & étant par cet arrangement deux sur un.

En une telle circonſtance, le tâtonnement
ne vaut rien; il encourage l'ennemi, & lui
donne une confiance qui ajoute à ſa force;
vous trouvez une réſiſtance opiniâtre où vous
ne verriez que le déſordre & le découragement. L'attaque doit être bruſque, ne pas laiſ-
ſer à l'ennemi le tems de ſe reconnoître. M.
d'Eſtaing le fait ſi bien dire, qu'il eſt étonnant
qu'il l'ait oublié dans l'occaſion de ſa vie qui
devoit en faire l'époque la plus glorieuſe,
n'ayant à réduire que ſept vaiſſeaux, un de
74, *le Prince de Galles*, un de 70, où étoit
Barrington, deux de 64, trois de 50, & ſix
frégates qui ne doivent pas être comptées.

Pendant le tems de nos proceſſions ſur l'ennemi, notre convoi étoit à croiſer dans l'ance
du gros iſlet & dans celle du Choc, où il a
mouillé dans la nuit. L'eſcadre a croiſé vis-à-
vis l'ennemi juſqu'au lendemain vers le ſoir
qu'elle a mouillé à l'ance du Choc, le général
voulant tenter par terre ce qu'il n'avoit pu faire
par mer. Les troupes débarquerent dans la nuit
avec trois jours de vivres pris ſur les vaiſſeaux;
le jeudi 17, elles ſe ſont emparées d'un poſte
vis-à-vis l'ennemi, où l'on a établi le camp.
Les Anglois étoient maîtres du morne Fortuné
& de toutes les vigies du port du Carenage,
par la foible défenſe du ſieur Micou, commandant particulier de l'iſle, qui a lâchement abandonné des poſtes avantageux, où il auroit pu
ſe défendre juſqu'à notre arrivée, principale-
ment le morne Fortuné, où l'ennemi étoit déjà
fortifié d'une maniere redoutable. Les frégates
ſont arrivées le même jour avec le convoi de

la Guadeloupe, amenant feize cents hommes de renfort. La frégate *L'Iphigénie* prit ce jour-là la frégate angloife *la Cérès*, le plus fin voilier de l'efcadre de Barrington.

Le vendredi 18, époque fatale, *le Marfeillois* & *la Provence* reçurent ordre d'aller mouiller à l'entrée du port du Carenage, pour y canonner deux batteries, l'une établie fur le morne à droite, l'autre derriere ce morne. Les vaiffeaux ne purent jamais s'entraverfer à caufe du courant. Ils furent forcés de s'éloigner, après avoir reçu quelques coups de canon.

L'armée de terre, qui devoit agir en même tems, s'eft avancée dans la plaine fur trois divifions, qui devoient attaquer féparément & dans le même tems toutes les vigies fous le morne Fortuné; le foible fuccès d'une redoute enlevée le matin, avoit enflé le courage : on croyoit pouvoir tout enlever à la fois. Cette armée livrée à l'enthoufiafme du moment fi naturel aux François, marchoit à l'ennemi retranché fur un morne prefqu'inacceffible, défendu par plufieurs batteries croifantes, qui la foudroyoient à mefure qu'elle avoit l'audace de s'avancer. Le général avoit la témérité de croire de le déloger d'une hauteur où il s'étoit établi avec une artillerie redoutable & cinq mille hommes de bonnes troupes, occupant d'ailleurs le morne Fortuné qui leur donnoit une retraite fûre au befoin, fuppofé, ce qui n'étoit pas poffible, qu'il fût délogé de fes retranchemens.

L'affaire a été auffi malheureufe qu'on pouvoit d'avance l'imaginer par la maniere dont on a attaqué. Les trois colonnes de notre ar-

mée montoient à sept mille hommes : la pre-
mière à droite, commandée par M. le comte
de Lowendal, colonel du régiment d'Arma-
gnac, celle de la gauche, par M. le marquis
de Bouillé, maréchal de camp, & celle du centre par M. le comte d'Estaing. Elles marche-
rent par trois sentiers différens ; à l'approche de
l'ennemi, les guides les ont abandonnées ; elles
ont cependant poussé en-avant, guidées par leur
bravoure, & se sont trouvées réunies en un
point sur la pente de la colline, contre l'intention du général, vis-à-vis les retranchemens des
Anglois.

Parvenues là, elles ne surent plus où passer ;
il n'y avoit pas d'espace, les trois colonnes
s'engorgeoient toujours davantage à mesure
qu'elles avançoient, sans qu'il y eût aucun
débouché pour se retirer. L'artillerie de l'ennemi, placée exactement sur leurs têtes, les
foudroyoit. Les grenadiers & chasseurs qui
étoient à la tête des colonnes furent écrasés
par la mitraille, sans pouvoir se défendre d'un
ennemi qu'ils ne voyoient pas : leur courage
étoit inutile & ne pouvoit qu'augmenter leur
destruction. Etonnés enfin du péril & de leur
perte, le découragement & la confusion vinrent augmenter le désordre ; les troupes les
plus exposées se retirerent en fuyant au travers des bois. Quelques pelotons avec les volontaires de Bouillé furent sans ordre au rivage, demandant à se rembarquer. Le quar-
tier-général, épouvanté par les fuyards qui
grossissent toujours le péril, fut abandonné ;

la plupart des foldats quittoient leurs armes pour fuir plus légérement.

Nous arrivâmes dans ce moment au rivage, & nous employâmes toute notre rhétorique à raffurer ces troupes fugitives, & à leur perfuader que la fituation de notre armée n'étoit pas telle qu'ils le difoient ; qu'il falloit néceffairement faire bonne contenance, marcher en-avant pour affurer fa retraite ; que le rembarquement ne pouvoit pas fe faire fans cela. Comme nous ne recevions aucune nouvelle pofitive de l'état des chofes, nous commencions à craindre la vérité d'une entiere déroute ; nous apprîmes enfin que le plus grand nombre des fuyards s'étoient raffemblés au premier pofte.

Rien de plus affligeant que le fpectacle de cette journée ; des foldats mourans, bleffés, qui jonchoient les chemins, laiffés fans fecours ; on n'avoit pas un feul cadre pour porter ceux qui avoient un bras ou une jambe emportée, pas même un emplacement qui pût fervir d'hôpital, point d'alimens, ni aucune des chofes néceffaires dans une fituation auffi exigeante ; tout cœur fenfible étoit déchiré des cris des mourans & des bleffés qui demandoient la mort préférable à une longue agonie.

La perte de cette journée monte à près de mille hommes, l'élite des troupes, & dans ce nombre beaucoup d'officiers de grande efpérance ; perte à jamais reprochable au général qui a commandé l'attaque, dont les fuites pouvoient être funeftes pour nos colonies, ayant perdu leurs meilleurs défenfeurs.

Il n'en auroit jamais autant coûté pour nous
rendre maîtres des fept vaiffeaux de ligne,
lorfqu'en arrivant ils étoient réduits à leurs
propres forces, n'ayant qu'une feule batterie
que le fieur Micou a abandonnée fans en en-
clouer les canons, lorfqu'il pouvoit même les
culbuter à la mer. Il auroit dû au moins fauver, & l'apparence ne pas les laiffer à l'ennemi, puifqu'il ne vouloit pas s'en fervir con-
tr'eux.

M. le comte d'Eftaing, parlant des malheurs
de cette journée au major-général de la marine, a paru vouloir fe plaindre de quelques
corps qui n'ont pas fait leur devoir ; mais il
eft trop évident que tous les torts viennent
de lui. Le défordre inconcevable de cette armée manquant de tout, même de munitions
de guerre pendant l'action, ne peut être at-
tribuée qu'à fon défaut de prévoyance.

Les Anglois, pendant la treve qui a fuivi
l'action, ont témoigné leur étonnement fur la
maniere dont nous avons attaqué ; que c'étoit
une action intrépide de monter ainfi de front
à des retranchemens bordés d'artillerie ; ironie
perfonnelle pour le comte d'Eftaing, & qui
l'accufe d'imprudence.

Les troupes de terre découragées, & en
trop petit nombre pour tenter une feconde fois
l'attaque du morne Fortuné, M. d'Eftaing
n'avoit plus d'autres reffources pour vaincre
l'ennemi, que fon efcadre infiniment fupérieure
en force : il fut réfolu dans un confeil qu'on
profiteroit de cet avantage, & que pour une
plus grande affurance de fuccès, on attaqueroit

en détail l'efcadre de Barington. Cette attaque combinée, arrangée avec les officiers commandans, de la maniere la plus propre à la faire réuffir, a éprouvé enfuite des changemens par une de ces fatalités attachées aux confeils de marine, où les avis font rarement d'accord. On délibéra encore pendant cinq jours, dont l'ennemi profita pour former des batteries. Enfin il fut décidé qu'on attaqueroit tous les vaiffeaux ennemis en même tems ; que nos frégates fe formeroient en feconde ligne fous le vent de nos vaiffeaux, pour le fecourir s'ils étoient dans le cas d'en avoir befoin.

Le jeudi 24 décembre, l'efcadre mit à la voile, fit un petit bord au large, excepté le vaiffeau du général, qui appareilla beaucoup plus tard : au lieu de paffer fa bordée pour joindre l'arriere-garde, il mit en panne pour attendre le retour des vaiffeaux qui revinrent ainfi qu'ils avoient appareillé dans l'ordre renverfé, pour fe trouver en pofte tout de fuite : le général refté en panne fut entraîné fous le vent par les courans, ainfi qu'il devoit le prévoir : il fignala à midi de fe mettre chacun à fon pofte & de faire de la voile, contre l'intention de fon fignal : il refta en panne, fe laiffant aller en dérive fous le vent de l'ennemi.

Le tems étoit beau, l'horifon dépouillé de nuages, la brife à l'eft-nord-eft, par conféquent aucune excufe pour M. d'Eftaing de différer d'attaquer. On peut dire fans humeur ce qui eft vrai, qu'il n'avoit pas envie d'attaquer, qu'il vouloit feulement le perfuader.

A une heure après-midi, il a signalé de
se préparer à mouiller, & dans le même instant à fait mettre d'autres pavillons hissés à
mi-mât, que nous n'avons pas pu distinguer ;
enfin, après l'indécision la plus décourageante, il a fait le signal de virer vent-devant le
cap au large, en amenant son pavillon de
pouppe & celui de distinction : ce qui nous
a annoncé qu'il ne vouloit plus attaquer l'ennemi. Chacun a remis bravement son épée dans
le fourreau

Je ne puis rendre toute l'indignation des
états-majors en voyant cette conduite crain-
tive, timide & irréguliere, en présence de
l'ennemi, en faisant ainsi parade de nos forces supérieures par des manœuvres ridicules,
vis-à-vis d'une nation vaine & orgueilleuse,
dont nous authorisons le mépris, en lui donnant lieu de soupçonner notre courage.

Les équipages accablés de fatigues, mécon-
tens, découragés d'une indécision que l'homme le plus simple sait apprécier à sa juste valeur, & témoignant alors n'avoir plus cette
bonne volonté qui est l'assurance du succès,
nous fûmes mouiller le soir à l'ance du Choc ;
jusqu'au 27 nous avons fait bonne contenance, nous proposant d'appareiller tous les jours
pour aller à l'ennemi ; enfin, après un second
appareillage où nous n'avons pas mieux figuré
qu'au premier, les maladies commençant à gagner dans l'armée de terre, quelqu'un proposa
de les rembarquer, & de les faire passer à leurs
destinations respectives, excepté deux mille
hommes jugés suffisans pour tenter l'expédition

de Saint-Vincent, ſoutenus par deux vaiſſeaux de guerre; que les dix autres reſteroient à Sainte-Lucie pour y bloquer l'ennemi, & que cela ſuffiroit pour le détruire, du moins les troupes de terre, qui étant déjà à l'économie des vivres, auroient moins de force pour ré-ſiſter à l'air mal-ſain & peſtilentiel de Sainte-Lucie.

Le 29 dans la nuit toutes les troupes furent rembarquées ſans la moindre oppoſition des Anglois, qui n'ont pas quitté leurs retranche-mens pendant tout le tems que nous avons été dans l'iſle, ni tiré un coup de fuſil que lorſ-que nous les avons attaqués. Notre camp étoit ſous le feu du canon; ils n'ont pas tiré un ſeul coup pour nous en déloger. Les officiers en ayant témoigné leur étonnement aux priſon-niers, ils dirent que leur général Green avoit appris ſous Washington, à ne pas s'expoſer à perdre un bon poſte, lorſqu'il étoit parvenu à l'occuper. Le mardi 30, à ſept heures du matin, toutes les troupes étoient embarquées.

Le général oublia le projet d'attaquer la Gre-nade & Saint-Vincent, & nous fîmes route pour la Martinique, abandonnant Sainte-Lucie aux Anglois. De quelque manière qu'on con-ſidère cet événement, il eſt impoſſible qu'on ne ſoit pas ſurpris de la conduite du général. Eſt-il croyable qu'avec douze vaiſſeaux & autant de frégates, nous n'ayons pu ſauver cette colonie attaquée par quatre mille hommes protégés par ſept petits vaiſſeaux qui devoient tomber en notre pouvoir, ou être détruits, avec un chef ordinaire?

ordinaire ? L'on ne peut fixer ſes idées ſur cet événement ſans quelque colere.

Nous avons trouvé la Martinique en deuil & dans la conſternation ; elle attendoit des lauriers, nous ne lui avons apporté que des cyprès, des mourans, un grand nombre de malades, & beaucoup de bleſſés. Les officiers, confus de la conduite de leur chef, craignoient de partager ſon humiliation en deſcendant à terre ; chacun vouloit y aller le dernier.

Le 11 janvier 1779, nous ſommes ſortis du Fort-Royal avec dix vaiſſeaux, *le Tonnant* & *l'Hector* étant avariés à ne pouvoir pas appareiller. Le projet du général étoit d'aller croiſer au vent de l'iſle pour empêcher la jonction de Biron, que nous ſavions arrivé à la Barbade avec Barrington. La négligence de M. de Kerſaint, commandant la frégate *l'Iphigénie*, faillit à nous engager dans une affaire général, dix contre dix-ſept. Biron étoit arrivé à Sainte-Lucie depuis le 7 du mois. S'il avoit appareillé dans la nuit en voyant nos ſignaux, il ſe feroit trouvé au point du jour ſous le vent du *Diamant*, dans une poſition à nous forcer au combat, ſans que nous puſſions eſpérer de pouvoir rentrer au Fort-Royal ; il n'appareilla heureuſement qu'au point du jour. La frégate *l'Iphigénie*, qui étoit deux lieues au vent, arriva vent arriere ſur nous, en tirant des coups de canons d'un moment à l'autre. Elle avoit compté les vaiſſeaux de Biron formés en ligne venant ſur nous. La réunion s'étoit faite ſans que M. de Kerſaint envoyé en obſervation s'en fût apperçu, parce qu'il avoit mouillé aux ances d'Arley, au lieu de croiſer comme il en avoit reçu l'ordre.

Le général attendit Biron à une diſtance à ne pas ſe compromettre. La partie n'étant pas égale, nous nous ſommes retirés au Fort-Royal en ordre de combat. Nous avons encore fait quelques ſorties après cette époque, pour tâcher de nous emparer de quelques frégates qui interceptoient le canal de Sainte-Lucie : mais l'ennemi, mouillé aux trois iſlets, envoyoit ſix vaiſſeaux lorſqu'il en voyoit paroître trois des nôtres ; de ſorte que nous étiens toujours forcés de regagner prudemment le Fort-Royal, de crainte d'amener une affaire générale, où nous ne pouvions rien gagner.

Le général prévenu que M. le comte de Graſſe venoit avec une eſcadre à la Martinique, envoya croiſer des frégates au vent de l'iſle pour l'empêcher de paſſer par le canal de Sainte-Lucie. Cette croiſiere cut tout le ſuccès qu'on en attendoit. M. de Graſſe paſſa ſous le vent, mouilla dans la rade du Fort-Royal le 20 février avec quatre vaiſſeaux. Quelque tems après, M. d'Eſtaing projeta de reprendre les petites iſles de Saint-Martin & de Saint-Barthélemi : trois frégates ſuffirent pour s'en emparer.

Dans les premiers jours de mars, le chevalier du Rumain, lieutenant de vaiſſeau, commandant la corvette *le Lively* de dix-huit canons de huit, fit rendre ſeul Saint-Martin. Son intrépidité & ſa bravoure ont mérité les éloges publics : ſa politique de rendre cette iſle neutre, prévoyant qu'elle ſeroit la proie du premier corſaire, & que ce ſeroit ſacrifier des troupes inutilement, ajoute encore à son rare mérite ; nous en aurons de nouvelles preuves à Saint-Vincent.

M. d'Estaing ne s'est pas négligé pendant le séjour de l'escadre au Fort-Royal de la Martinique pour faire oublier la malheureuse affaire de Sainte-Lucie. Il faut convenir que l'amiral Biron s'est prêté à ses vues par une négligence qu'on ne sauroit excuser. Il est resté pendant cinq mois à Sainte-Lucie avec vingt-six vaisseaux sans agir, pas même faire croiser dans le canal pour gêner la communication & intercepter les bâtimens qui arrivoient journellement à la Martinique.

Nous commencions à y éprouver la disette de vivres. Obligés de faire des convois à Saint-Eustache, possession hollandoise, pour nous en procurer, l'indolent Biron ne faisoit rien pour l'empêcher ; sa négligence a été poussée si loin que le vaisseau *le Fier*, parti de France avant la prise de Sainte-Lucie, a passé dans le canal avec douze transports pour la colonie de la Martinique, où il a mouillé dans la rade du Fort-Royal le 19 avril. Cette circonstance que Biron dut apprendre, ne l'a pas réveillé de sa léthargie, puisque le 21 du même mois les vaisseaux *le Fendant* & *le Sphinx* venant de la côte de Guinée, ont aussi passé dans le canal sous le nez de l'amiral Anglois, avec les traîneurs de la flotte du *Fier*. Ces vaisseaux pouvoient être pris par des frégates ; il ne restoit par sur chacun soixante hommes en état de manœuvrer ; ils avoient la maladie du Sénégal, qui leur avoit mis plus de quatre cents hommes sur les cadres & dans un état si désespéré qu’en voyant paroître l’ennemi, ils auroient été forcés de se rendre.

Pendant ce tems nos frégates croisoient sur Antigue, prenoient *le Lis* & *la Bellestre*, chacun de 28 canons, & interceptoient la communication avec Antigue ; de sorte qu’au lieu d’être bloqués, il sembloit que nous bloquions les Anglois, par l’activité du général, à qui l’on doit cette justice, qu’il faisoit dans la position où il se trouvoit, plus qu’il n’étoit possible d’espérer. Il avoit établi des vigies sur toute la côte ; de maniere qu’il savoit dans le moment les mouvemens des Anglois. Lorsqu’il paroissoit quelques bâtimens françois, il les faisoit protéger s’il le jugeoit nécessaire ; de maniere qu’aucun n’a été pris sur la côte, tandis que nos frégates en croisiere en prenoient aux Anglois & gênoient leur navigation.

Ce sont sans doute les sarcasmes des officiers commandans de l’armée de Biron, qui l’ont forcé à venir se présenter le 30 avril avec vingt vaisseaux dans la rade du Fort-Royal, où il a mis en panne pendant quatre heures, en ligne de combat. Le comte d’Estaing, persuadé que ce n’étoit qu’une bravade qu’il falloit souffrir, n’étant point en force pour l’empêcher, a laissé les vaisseaux sous leurs tentes sans faire aucun mouvement, témoignant, par sa sécurité, qu’il craignoit peu qu’il osât entreprendre de le combattre.

Il n’étoit pas aussi tranquille pour cinq vaisseaux qu’il avoit envoyés à S. Eustache pour avoir des vivres, & qui n’ont échappé à Bi-

ron que par le bonheur le plus marqué. A peine
ſon arriere-garde avoit-elle doublé la pointe du
cap en ſe retirant, que nos cinq vaiſſeaux pa-
rurent vers le morne aux Bœufs qui lui eſt op-
poſé à une diſtance meſurée pour n'être pas
apperçus. Biron qui nous avoit compté quatorze vaiſſeaux dans la rade, n'ignoroit pas
que nous devions être dix-neuf. Il étoit donc
ſûr que nous avions cinq vaiſſeaux dehors. S'il
eût reſté à croiſer à l'entrée du golfe, aucun
bâtiment ne pouvoit ſortir pour les prévenir;
ils auroient été infailliblement pris. Il les auroit encore rencontrés, s'il avoit fait ſa route
droit à Antigue où il alloit, & ſans uſer de
fineſſe, en témoignant vouloir retourner à Sainte-Lucie.

Le 2 mai, les ſignaux de la côte annonce-
rent que l'armée ennemie croiſoit dans le canal, & paroiſſoit vouloir s'élever au vent de
l'iſle. M. d'Eſtaing la fit ſuivre en queue par
ſes mouches; il envoya enſuite ſes meilleures
frégates pour obſerver ſes mouvemens. Lorſqu'il fut certain qu'elle ne pouvoit pas rentrer
à Sainte-Lucie de pluſieurs jours, il fit croiſer
trois de ſes vaiſſeaux vis-à-vis le port du Carenage, tandis que le chevalier de Rumain qui
s'étoit déjà fait connoître à Saint-Martin, alloit tenter l'expédition de l'iſle Saint-Vincent,
avec trois petits bâtimens pris ſur les Anglois,
le Lively, *le Lis*, *la Bealleſte*, & deux petits corſaires n'ayant que trois cents hommes
de troupes aſſez mal choiſies.

Il a le malheur de manquer ſon atterrage,
d'être entraîné par le courant ſous le vent de

Saint-Vincent, après avoir perdu un des deux corsaires qui le suivoient & qui portoit quatre-vingts hommes dont on n'a plus entendu parler. Cet événement qui eût arrêté tout autre que le chevalier du Rumain, ne peut le faire renoncer à son projet ; il a la témérité de croire qu'avec le peu de moyens qui lui restent il peut encore faire son expédition. Il prend son parti en homme décidé, reprend sa route dans le nord, passe au vent de la Martinique & de Sainte-Lucie, pour ne plus manquer son atterrage, arrive enfin à Saint-Vincent le 16 juin, après onze jours de navigation, lorsqu'on le croyoit perdu, n'ayant aucunes nouvelles de lui.

Le sieur Persin, habitant de la Martinique, qui le suivoit dans une goëlette avec trente hommes, & fort aimé des Caraïbes qui sont singuliérement affectionnés aux François, avec qui ils étoient d'accord, devança M. du Rumain de quelques heures, pour arriver dans la partie des Caraïbes en même tems qu'il feroit son débarquement dans la partie des Anglois. Il est chassé par un corsaire qui le force d'échouer sa goëlette fort près de terre. Il ne perd pas la tête, met le feu à son bâtiment, se jette à la mer avec ses trente hommes, & gagne le rivage. Il connoît une redoute de trois pieces de canon ; il y marche, trouve une échelle plantée pour l'usage des soldats qui gardent ce poste, s'en sert pour monter, sur-prend l'ennemi, lui tue trois hommes, se rend maître de la redoute sans perdre un seul des fiens, & paffe à l'inftant chez les Caraïbes, pour les faire avancer.

Pendant ce tems le chevalier du Rumain avoit fait fon debarquement ; il s'étoit emparé l'épée à la main, d'un pofte où il avoit trouvé deux pieces de campagne, qu'il avoit fait traîner à bras fur un monticule au-deffus de la maifon du gouverneur, d'où il voyoit le fort & la ville. Il n'étoit que dix heures du matin : ne voulant pas laiffer à l'ennemi le tems de fe reconnoître, ni de favoir à quel nombre de troupes il avoit à faire, il marche droit au fort, n'ayant pas même d'échelles pour y monter. Le gouverneur furpris, envoie un officier demander qui il eft & à quelle troupe il a à faire. M. du Rumain fait paffer cet officier à la queue de fes troupes, & continue d'avancer pour lui répondre en perfonne. Il envoie cependanr, un moment après, un tambour au lord Maurice pour lui fignifier capituler. Ce gouverneur, furpris d'une attaque auffi brufque, ne revient de fon étonnement que pour faire fes propofitions.

Rien n'étoit encore réglé, que le fieur Perfin paroît avec les Caraïbes au nombre de huit cents tous nus, armés d'un fufil & d'un fabre qu'il leur avoit donnés. Le commandant Anglois ne favoit pas quel parti ils prenoient. M. du Rumain qui s'apperçut de fon embarras, lui dit que les fauvages étoient à fes ordres, & auffi impatiens que lui de voir arborer le pavillon françois. Il fut dès-lors moins difficile fur les articles.

Dans cet inftant on apprend au chevalier du Rumain qu'il paroît trois bâtimens anglois ; il fe fait fubftituer par M. de Canonce, capitaine au régiment de la Reine & commandant fous lui, pour terminer la capitulation, vole à fon bâtiment, coupe fon cable pour être plutôt appareillé, s'empare de deux navires chargés de vivres ; le troifieme échappe par la fupériorité de fa marche. Il revient dix heures après figner la capitulation. La garnifon, au nombre de trois cents hommes au-deffus de celui des affiégeans, fe rend prifonniere de guerre & remet fon drapeau. On a trouvé dans l'ifle quatre-vingts pieces de canons & dix mortiers, beaucoup de munitions de guerre & de bouche. Les officiers Anglois ne pouvoient revenir de leur étonnement, qu'on ait ofé les attaquer avec autant de hardieffe, ayant fi peu de monde. Dans la nuit du 21 juin, le chevalier du Rumain arriva à la Martinique, où il caufa l'étonnement & le délire du fuccès. Sans les preuves parlantes, on n'auroit ofé croire que Saint-Vincent fût pris. C'eft ainfi que le comte d'Eftaing, a fu profiter de l'abfence de Biron.

Le dimanche 27 juin, M. de la Motte-Piquet mouilla dans la rade du Fort-Royal, efcortant un convoi confidérable avec fix vaiffeaux de ligne & trois frégates. M. d'Eftaing a arboré le pavillon carré au grand mât, ayant au-deffus de vingt vaiffeaux, fixé par l'ordonnance pour la dignité de ce pavillon. Il fit auffi-tôt fes difpofitions pour l'expédition de la Grenade.

Le 30 juin, l'armée navale de vingt-cinq vaisseaux de ligne & deux frégates a appareillé du Fort-Royal, ayant seulement quinze cents hommes de troupes de débarquement. Le 2 juillet, l'armée parut devant la Grenade, où elle mouilla à cinq heures du soir à l'ance Molinier. Le débarquement s'est fait sur-le-champ. Les troupes formées sur trois colonnes, marchèrent dans la nuit à travers des mornes ; l'une d'elles s'égara en suivant le bord de la mer ; elle essuya quelques coups de canon du fort, qui lui tuèrent sept hommes & l'obligèrent de rebrousser chemin. Le jour suivant, le comte d'Estaing examina la situation du morne de l'Hôpital, qui est la principale force de l'isle, en ce qu'il domine le fort à la demi portée du canon.

Les dispositions furent faites d'après les observations réfléchies du local. On étoit sûr de n'avoir à faire qu'à des milices, & qu'il n'y avoit guère plus de cent hommes de troupes réglées. Nous n'avions qu'environ seize cents hommes, qui furent divisés en trois colonnes ; l'une aux ordres de M. de Pondevaux, lieutenant-colonel, chargé de la fausse attaque sous la maison de l'hôpital. M. le vicomte de Noailles en commandoit une qui devoit feindre une autre attaque au sud de la rivière de Saint-Jean. M. le comte de Durat commandoit l'avant-garde de la division de M. d'Estaing, composée de l'élite des troupes, & d'un piquet du régiment de Dillon aux ordres de son colonel.

Il est nécessaire de donner ici une idée de

la situation du morne. Il est presqu'à pic, sur-
tout du côté de la riviere Saint-Jean ; sa forme est celle d'un hausse-col dont la partie supérieure est vers le fort ; le sommet n'est pas
applati, on y a seulement taillé une plate-
forme vis-à-vis la maison de l'hôpital, qui est
l'endroit le moins difficile pour y monter, parce
qu'il y a un sentier, mais c'est le plus long,
où l'ennemi avoit quatre pieces de canon de
vingt-quatre, & une autre batterie sous la maison de l'hôpital de six pieces; à l'autre extrêmité
du morne qui ne laisse pas que d'être éloigné
& dont le chemin fort étroit ne permet pas
toujours de marcher deux de front, étoit une
batterie où il y avoit quatre pieces de canon
de six avec six mortiers.

Ce fut sur cette batterie vers la maison Lu-
cas, au-dessus du cul-de-sac, que monta la division de M. le comte d'Estaing, sous le feu
du canon & d'une mousqueterie de plus de
six cents hommes, malgré trois retranchemens
les uns sur les autres qu'il falloit franchir, au
travers de grosses pierres entassées les unes sur
les autres, ayant encore à essuyer le feu d'un
corsaire entraversé dans le cul-de-sac, qui pre-
noit la colonne par son travers & faisoit beaucoup de mal. Rien ne put arrêter l'ardeur &
le courage des soldats guidés par le général
qui marchoit à leur tête, aidant les grenadiers
à se relever lorsqu'ils tomboient dans les pierres.
En moins d'une heure nos troupes gravirent
le morne, & s'en emparerent après avoir chassé
l'ennemi de poste en poste.

Le gouverneur le croyant imprenable, y

avoit dépofé fa vaiffelle, fes bijoux, fes effets les plus précieux ; tous les officiers avoient fuivi fon exemple : ce fut la récompenfe des foldats, qui firent un butin immenfe ; notre perte n'a été que de trente-cinq hommes tués dans l'action, & environ foixante & dix bleffés. Le major & le premier capitaine des grenadiers du régiment de la Martinique, & un lieutenant de Dillon y ont perdu la vie. Les quatre pieces de canon de vingt-quatre, trouvées fur le morne, ce qui étoit une mal-adreffe de l'ennemi qui pouvoit également fe défendre avec des pieces de campagne, fuffirent pour réduire le fort.

M. d'Eftaing fit tirer deffus au point du jour. Le lord Marcartney, gouverneur de l'ifle, n'attendit pas le fecond coup de canon pour demander à capituler ; il envoya un officier faire fes propofitions au général, qui lui faifant remarquer l'heure qu'il étoit à fa montre, lui dit qu'il accordoit une heure & demie au lord pour fe rendre à difcrétion, & remettre fon fort & celui de fes troupes & de la colonie à la bienfaifance & à la clémence de Sa Majefté.

Le lord fe foumit à cette dure loi du vainqueur : ce qu'il n'auroit affurément pas fait, s'il avoit pu prévoir le traitement rigoureux que M. d'Eftaing lui réfervoit pour avoir répondu d'une maniere hautaine & infolente à la fommation qu'il lui avoit faite, felon l'ufage, auparavant l'affaut du morne, lui propofant une capitulation honorable ; c'eft le motif préfumé pourquoi ce gouverneur a été traduit en France , s'étant oublié jufqu'à injurier la nation.

Nous nous fommes emparés de trente-huit bâtimens qui étoient dans le cul-de-fac ; dix autres navires fous charge à l'ance du Grand-Marquis , ont été arrêtés par des habitans François qui avoient leurs voiles en dépot. M. le comte de Durat , colonel en fecond du régiment de Gâtinois , officier d'un rare mérite , a été nommé par M. d'Eftaing gouverneur général de l'ifle & de fes dépendances , telles que Corionacon & Bécouja , petites ifles , dont deux de nos vaiffeaux ont été recevoir la foumiffion des habitans. Il y avoit dans ces ifles beaucoup d'artillerie & de bœufs que les Anglois y avoient en dépôt.

Le comte d'Eftaing fit afficher une ordonnance au nom du roi , portant défenfe expreffe aux habitans de la Grenade , de payer aucune dette à l'Angleterre jufqu'à la paix , fpécifiant la repréfaille de la conduite des Anglois , & l'abus de leurs fuccès pendant la derniere guerre , contre le droit des nations & les loix même de l'Angleterre. Comme les Anglois pourroient ufer de la même loi pour ne point payer ce qu'ils doivent à la colonie , ces paiemens feront pris fur les revenus des habitations de ceux des Anglois qui font régir par économes , dont il fera formé une caiffe avec un tréforier adminiftrateur qui rendra compte à la paix de la maniere que la cour jugera convenable. Plufieurs François , chaffés de leurs habitations par les Anglois , font rentrés en poffeffion de leurs biens par ordre de M. d'Eftaing, qui a fait ramaſſer militairement dans l'iſle tous les petits marchands, économes & gens ſans aveu, qu'il a embarqués ſur les vaiſſeaux.

Le 4 juillet, le général reçut avis par M. de Montet, commandant particulier de Saint-Vincent, que Biron avoit paru devant l'iſle avec tous ſes vaiſſeaux & un convoi. Il n'y avoit point de doute qu'il ne vînt pour ſecourir la Grenade. M. d'Eſtaing fit le ſignal à l'armée navale d'appareiller au point du jour du 5 juillet. Il y avoit peu de vent, & il n'y eut que quelques vaiſſeaux qui appareillerent. Le général ayant à craindre que ces vaiſſeaux ne fuſſent entraînés ſous le vent par les courans, leur fit ſignal de ſe rallier. Ils mouillerent dans la rade. L'armée navale ſoupçonnoit bien l'avis donné au général ; mais n'en étant pas poſitivement ſûr, il auroit dû prévenir les capitaines de ſe tenir prêts au combat & à appareiller au moindre ſignal : ce qu'il ne penſa pas à faire, trop occupé ſans doute à établir l'ordre à terre. Il crut ſuffiſant de faire croiſer les frégates trois lieues au vent de l'eſcadre.

A trois heures & demie du matin, le 6 juillet, elles firent des ſignaux pour annoncer qu'elles voyoient des voiles étrangeres. Le nombre ſignalé déſignant d'après les avis reçus que c'étoit Biron, le général fit ſignal vers quatre heures du matin à l'armée d'appareiller ; ce qui fut répété pluſieurs fois avec coups de canon. A cinq heures trois quarts il y avoit des vaiſſeaux qui n'avoient pas encore appareillé ; le général leur fit fignal de couper leurs cables.

L'ennemi s'approchoit à toutes voiles dehors, paroiffant venir avec confiance & de très-bonne grace ; le général s'appercevant que les vaiffeaux n'auroient pas le tems de prendre leurs poftes dans l'ordre affigné à leur rang, fit le fignal, *en ligne de combat comme vous êtes, le plutôt poffible*. Ce fignal ne fut pas exécuté littéralement, chaque capitaine voulant occuper le pofte qui lui eft deftiné par le rang de fon vaiffeau : ce qui occafionna un peu de défordre & du retard à fe former en ordre de combat. Nous avons vu la même chofe arriver à la pourfuite de Howes, & la même obftination parmi les capitaines pour reprendre leurs rangs. Le retard dans l'appareillage avoit été caufe que dix vaiffeaux étoient tombés fous le vent, foit par l'effet des courans, ou bien faute d'attention à faire de la voile pour fe foutenir au vent. Il n'y avoit que quinze vaiffeaux affez mal formés en ligne avec le général, & prefque tous des petits.

A fept heures & demie, les premiers vaiffeaux de l'avant-garde de l'armée ennemie commençoient à doubler notre avant-garde à la portée du canon. Nous comptions dix-neuf vaiffeaux qui n'étoient pas bien en ligne, parce qu'ils venoient toutes voiles dehors, & qu'il étoit impoffible à cette voilure de pouvoir conferver fon pofte. Il eft a préfumer qu'ils ne nous croyoient pas auffi nombreux, ou qu'ils étoient perfuadés que l'ifle n'étoit pas rendue ;

& que M. d'Eftaing étoit à terre avec une partie des équipages.

Ce que Biron ignoroit fûrement, c'étoit l'arrivée de M. de la Motte-Piquet avec fix vaiffeaux. Il avoit laiffé au vent de l'ifle un convoi d'environ trente bâtimens, que nous diftinguions fous l'efcorte de deux vaiffeaux. Ce convoi portoit quatre mille hommes de troupes réglées fous les ordres du major-général Green. A fept heures trente-cinq minutes, notre général fit le fignal de commencer le combat, lequel s'engagea à l'inftant par M. le marquis de Vaudreuil, commandant *le Fendant*, qui tira le premier coup de canon, & fucceffivement tous les vaiffeaux qui fe trouvoient à portée, à caufe que l'armée ennemie croifoit la nôtre. Nous courions à bord oppofé par le travers de l'ance Molinier. Notre armée tenoit le vent pour s'approcher d'eux, forçant de voiles, afin de gagner de l'efpace, pour que les vaiffeaux fous le vent puffent fe former à l'arriere-garde ; manœuvre affez indiquée par l'impoffibilité de pouvoir fe mettre en ligne autrement qu'en revirant pour former l'arriere-garde.

Le premier vaiffeau de l'avant-garde ennemie pouffa fa bordée jufqu'à l'entrée de la baie de Saint-George, dont les forts tirerent de loin fur lui. Ayant alors la certitude que l'ifle étoit rendue, toute l'armée revira vent arriere par la contre-marche, forçant de voiles pour rejoindre fon convoi, quoique nous préfentaffions un moindre nombre de vaiffeaux à la ligne ennemie. Nous avons eu le tir du canon fi juste & si heureux, que nous lui avons démâté trois vaisseaux de leurs mâts de hunes; plusieurs autres étoient mal-traités dans leurs gréement.

Trois vaisseaux de l'arriere - garde angloise essayerent de couper *l'Annibal*, que montoit M. de la Motte-Piquet, serre-file de la ligne, un peu éloigné de son matelot d'avant. Il les combattit tous trois ensemble & se fit laisser, soutenu à tems par *le César* & *le Réfléchi*. M. de la Motte-Piquet voulut ensuite essayer de revirer de bord pour couper les trois vaisseaux démâtés; mais l'état de son gréement ne le lui permit pas.

A neuf heures & demie, le signal en ligne de combat fut viré; c'est alors que les deux vaisseaux anglois qui étoient restés au convoi, sont venus joindre les leurs; il y en eut un qui rangea de près notre avant-garde, dont il essuya tout le feu. *Le Tonnant* & deux autres vaisseaux quitterent la ligne pour s'en approcher. L'armée angloise n'étant pas élevée à leur hauteur; ils le combattirent ensemble, le démâterent de ses mâts de hunes, & il eut plusieurs boulets dans son grand mât, à ne plus pouvoir faire usage de sa voile. Toutes ses voiles étant hachées; entiérement dégréées, son mât de pavillon coupé, il auroit été infailliblement pris ou coulé bas, s'il n'avoit pas été secouru à tems par l'avant-garde de son armée. *Le Diadême* avoit un vaisseau anglois par sa hanche, qui l'incommodoit; il passa ses canons de retraite; & au second coup qu'il tira, il

coupa

coupa la vergue du grand hunier de l'anglois, & son mât de perruche.

A onze heures, le général a fait signal aux vaisseaux de dessous le vent dè virer vent devant. Son intention étoit de leur faire couper les trois premiers vaisseaux démâtés qui étoient tombés dans les eaux de notre ligne ; mais ce signal n'a pas été vu, parce que dans ce moment *le Languedoc* étoit couvert de fumée ; il avoit par son travers *la Princesse-Royale* de quatre-vingt-dix canons, que montoit l'amiral Biron qu'il combattoit. M. d'Estaing mit son vaisseau en panne, défiant par cette manœuvre l'amiral Anglois au combat particulier, qu'il ne jugea pas à propos d'accepter. Il continua toujours à forcer de voiles, ainsi que toute son armée qui tint constamment le vent pour rejoindre son convoi. Le général avoit arrivé insensiblement pour rallier les vaisseaux sous le vent, tandis que l'ennemi serroit le vent ; de sorte qu'à midi quarante-cinq minutes les deux armées commencerent à s'éloigner. Le combat cessa alors, ayant duré cinq heures dix minutes avec une opiniâtreté & un acharnement dont il y a peu d'exemples.

A deux heures & demie, notre ligne étoit bien formée, les vaisseaux sous le vent ralliés. A trois heures trois quarts nous virâmes de bord tous en même tems vent devant ; si nous eussions couru l'échiquier, nous aurions coupé les trois premiers vaisseaux démâtés, en même tems que nous nous serions rapprochés de la ligne des ennemis pour rengager le combat ; nous l'aurions mis dans une position à nous

abandonner tous les vaiſſeaux démâtés. Les Anglois témoignoient n'avoir aucune envie de re-
commencer le combat ; ils avoient cinq vaiſſeaux qui ne pouvoient pas garder leurs poſtes
en ligne ; aucun des nôtres n'avoit ſouffert dans
ſa mâture. Mais M. d'Eſtaing fit ſignal de nous
reformer en ligne, les poſitions inverties. Auſſi-
tôt après avoir viré, il ne fut plus poſſible de
rengager un combat général, ou du moins d'y
forcer l'ennemi qui avoit gagné beaucoup au
vent : nous ne pouvions que couper les trois
vaiſſeaux reſtés de l'arriere. Deux eſſuyerent tout
le feu du corps de bataille ; l'un reçu trois bor-
dées du vaiſſeau le *Fendant*, qui quitta la ligne & revint enſuite reprendre ſon poſte. Le
troiſieme ſe voyant abſolument coupé, fit vent
arriere ; le moindre vaiſſeau que le général lui
eût détaché l'auroit fait rendre. M. d'Eſtaing
craignoit ſans doute qu'il ne l'entraînât trop
ſous le vent.

Le jour alloit finir ; nous tînmes le vent pour
regagner la Grenade, tandis que l'ennemi for-
çoit de voiles pour rejoindre ſon convoi,
étonné ſans doute que nous ne fuſſions pas
mieux profiter de notre victoire. Il ne nous auroit ſûrement pas quittés de même, s'il avoit
eu un pareil avantage. Nous pouvions prendre
cinq vaiſſeaux que l'ennemi avoit abandonnés,
ne pouvant pas ſuivre, ou il ſe feroit expoſé
à une deſtruction totale en voulant les ſauver.

Il n'eſt pas un officier, entre tous ceux qui
ont vu le ſuccès inoui de cette journée, qui
puiſſe avancer le contraire : la plus grande partie penſoient en prendre au moins la moitié. Ce

qui avoit encouragé singuliérement les équipages, c'est que l'événement du combat ne fut
pas douteux dès le commencement de l'action,
malgré l'égalité du nombre. Nous n'avions pas
encore deux heures de combat, que cinq vaisseaux ennemis étoient démâtés, leurs vergues
coupées, plusieurs dégréés, tandis que notre
armée paroissoit invulnérable. Nous n'avons pas
perdu un bâton de soc pendant un combat de
plus de cinq heures, aussi long que meurtrier :
circonstance si heureuse, qu'elle n'a point
d'exemple, & qu'on peut attribuer à ce que l'ennemi étoit au vent, par conséquent incliné,
ce qui lui a fait noyer une partie de ses bor-
dées. Trois de nos vaisseaux avoient bien leur
mâture un peu endommagée ; mais ils n'ont pas
cessé un instant de faire de la voile comme les
autres. *L'Amphion* & *le Fier Rodrigue*, petits vaisseaux de cinquante canons, ont arrivé
au commencement du combat, ayant perdu
leurs capitaines. Nous avons pris, en rentrant
à la Grenade, un bâtiment du convoi, chargé
de cent-cinquante hommes de troupes, avec
un drapeau.

Il est toujours sensible & douloureux de ne
pas profiter, autant qu'on le pourroit, du succès d'un combat, lorsqu'on s'est vu assez heureux pour avoir un avantage aussi décidé que
celui que nous avions. Je ne crois pas M. d'Estaing le plus blâmable : excepté de n'avoir pas
couru l'échiquier, afin de couper les vaisseaux
démâtés, il a fait tout ce qu'il étoit possible
de faire, & combattu avec une bravoure digne de servir d'exemple ; si les vaisseaux qui

étoient sous le vent l'avoient secondé, en ma-
nœuvrant selon la circonstance, s'ils avoient
été se former à l'arriere-garde, ainsi que le bon
sens le dictoit, puisqu'ils ne pouvoient être uti-
les autrement, il est constant que l'armée ennemie eût été abymée, & les trois vaisseaux
démâtés au commencement de l'action auroient
été pris. M. d'Estaing n'auroit pas été obligé
d'arriver pour les rallier : on auroit combattu
de plus près avec un nombre de vaisseaux supérieur. Il est à craindre que plusieurs capitaines ne puissent pas justifier leur conduite s'ils
étoient recherchés ; ils en doivent compte au
roi & à la nation : le mépris de leurs cama-
rades dit assez combien on les croit en faute.

Notre perte dans ce combat a été de cent
soixante - dix - neuf hommes tués, sept cents
soixante & quinze blessés, en tout neuf cents
cinquante - quatre hommes hors de combat ;
dans ce nombre vingt-huit officiers, dont treize
tués & quinze blessés ; le capitaine commandant *la Provence*, & celui de *l'Amphion*, &
du *Fier Rodrigue* ont été tués. L'ennemi a
avoué avoir perdu douze cents hommes, ce
qu'on peut mettre à dix-huits cents. *Le Prince
de Galles*, que montoit Barrington, a reçu,
seulement dans le côté du bas-bord, soixante
& quatorze boulets. Notre armée mouilla dans
la rade du fort Saint-George, le lendemain du
combat 7 juillet, vers midi, & fut reçue avec
acclamation par les soldats & par les habitans
François qui avoient vu le combat du haut
des mornes.

Le 12, *la Chimere* & *l'Alcmene* sont rentrés avec deux prifes , un bricq & une goëlette chargés de fucre. La frégate *la Diligente* , a été défignée pour porter au roi la nouvelle de nos fuccès ; le lord Macartney y fut embarqué la veille du départ , lorfqu'il croyoit paffer dans la flûte *l'Aventure* avec tous les officiers Anglois & armée même par des prifonniers , fur leur parole d'honneur de fe rendre en France. Le lord , furieux de fe voir ainfi joué par M. d'Eftaing qui refufa même de lui rendre les papiers néceffaires pour fa juftification , arracha de fon habit fes marques de dignité qu'il jeta à fon valet , difant qu'il n'en avoit plus befoin , & qu'il étoit trop humilié pour s'en avoir décoré. Le général fut inexorable à fon égard. Nos bons amis les Caraïbes de Saint-Vincent font venus dans un bateau vifiter M. d'Eftaing.

Les vaiffeaux étant réparés , l'armée a appareillé le 15. Le foir du 17 , elle étoit par le travers de Sainte-Lucie : les frégates rangèrent la terre de l'ifle pour reconnoître fi l'ennemi s'y étoit retiré. Ayant rapporté n'avoir vu aucun vaiffeau , nous avons continué notre route vers la Martinique ; lorfque nous fûmes par le travers du Fort-Royal , le général y fit entrer deux frégates , pour porter fes ordres au convoi qui s'y étoit raffemblé , prêt à partir pour la France. Nous continuâmes notre route , rangeant la terre de l'ifle , enfuite la Dominique , à une très-petite diftance. Dans la matinée du 19 , l'armée mouilla à la baffeterre de la Guadeloupe , où nous avons fu que Biron étoit à Saint-Chriftophe avec une partie de ses vaisseaux. Voici ce qu'un particulier de l'isle écrivoit à l'un de ses amis à la Guadeloupe pendant notre séjour : « Les Anglois, qui cachent ordinairement leur perte, ne » peuvent la dissimuler dans ce moment ; elle » est fort grande, & la consternation est telle » que je la croirois encore beaucoup au-des-» sus de ce que l'on en débite.

M. d'Estaing ne resta que dix-huit heures à la Guadeloupe, tems nécessaire pour embarquer cinq à six cents hommes de troupes qu'il y prit. L'armée appareilla le 20 , se forma aussi-tôt en ordre de combat pour aller revoir Biron à Saint-Christophe, & l'attaquer s'il étoit dans une position à pouvoir l'être avec avantage.

Un propos tenu par M. le comte de Grasse à la Guadeloupe, rendu à M. d'Estaing, sur la facilité d'attaquer au mouillage de Saint-Christophe des vaisseaux embossés, fit imaginer adroitement au général, d'après son affaire de Sainte-Lucie, de le rendre responsable de l'événement, en le chargeant de conduire la ligne & lui laissant toute l'autorité pour attaquer les Anglois, supposé que l'armée du roi pût le faire avec succès. Par cette ruse politique il se justifioit de Sainte-Lucie, dans le cas probable où se seroit embossé, & que le comte de Grasse jugeât l'attaque dangereuse ; ce qui arriva ainsi qu'il l'avoit prévu.

A dix heures du matin, le 22 juillet, l'armée du roi se présenta devant l'armée ennemie qui étoit embossée dans le meilleur ordre possible au mouillage de la basse-terre de Saint-

Chriſtophe, ayant encore trois vaiſſeaux démâtés , & les autres réparant leurs manœuvres.
Ils avoient un vaiſſeau de moins qu'au combat de la Grenade , n'étant que vingt. Celui
qui manquoit pouvant à peine manœuvrer ,
avoit été forcé par ſa ſituation d'arriver , &
d'aller à la Jamaïque. Ils eurent le chagrin de
nous voir le même nombre de vaiſſeaux qu'au
combat de la Grenade , dans le même état
que ſi nous n'avions pas combattu.

M. le comte de Graſſe , à qui nous avons
dit que M. d'Eſtaing avoit déféré malicieu-
ſement le commandement de l'armée , ſous le
prétexte qu'étant à la tête de la ligne il pouvoit mieux juger de la poſition de l'ennemi
que lui qui étoit au corps de bataille , après
l'avoir examiné d'aſſez près , fit le ſignal de
virer de bord vent devant , ayant écrit au général qu'il ne croyoit pas poſſible d'attaquer
l'ennemi avec avantage , vu la maniere dont
il étoit emboſſé. Nous revirâmes par la contre-marche , en conſervant l'ordre de combat ;
de ſorte que chaque vaiſſeau s'approchant de
plus en plus pour virer dans les eaux de celui
qui le précédoit , les derniers vaiſſeaux de l'arriere-garde furent obligés de virer à demi-portée du canon des Anglois. Nous avions tous
nos pavillons de pouppe ; le général ſon grand
pavillon de commandement , de même que
les chefs de diviſion celui aſſigné à leurs rangs
comme un jour de fête. C'en étoit bien un
pour nous.

Biron n'étoit pas aſſurément ſatisfait que le
comte d'Eſtaing lui rendît à une auſſi groſſe

(72)

ufure fa fanfaronnade du Fort-Royal. Avec
le caractere vain & orgueilleux que nous con-
noiffons aux Anglois, cette petite circonftance
doit les avoir cruellement humiliés. Nos frégates, dont la marche eft fupérieure à celle
des vaiffeaux, s'amufoient pendant l'évolution
à prolonger leur ligne à la petite portée du
canon, menaçant avec ironie de tomber fur
une partie de leur ligne. La nôtre avoit une
fi grande étendue, qu'il s'écoula quatre heures depuis l'inftant où le chef de file vira de
bord jufqu'au ferre-file. Nous prolongeâmes
le bord dans le fud-fud-eft, ferrant le vent.

Nous fommes reftés en croifiere, fur Mon-
ferrat, pour y attendre les convois de la Martinique & de la Guadeloupe, qui nous ont
joints, *dans la matinée du 26 juillet, avec une
précifion qui fait honneur au général;* ce qu'on
ne peut attribuer qu'à la fageffe de fes combinaifons.

Nous avons fait auffi-tôt route pour Saint-
Domingue, afin de ne faire qu'un feul convoi de toutes nos colonies. L'armée tenoit le
vent fur trois colonnes; les navires marchands,
au nombre de plus de quatre-vingt, étoient
entourés par les frégates : cette flotte naviguoit
demi-lieue fous le vent de l'armée. Si le général avoit fait attention au fignal qui lui fut
fait fur Porto-Rico, il auroit pu s'emparer du
vaiffeau *le Rubis* qui y faifoit de l'eau.

L'armée & la flotte ont mouillé dans la rade
du Cap-François le 31 juillet & 1er août. M.
d'Eftaing n'a laiffé aucun bâtiment du roi aux
ifles du Vent, & la Martinique n'a feulement

pas une bateau armé ; de forte qu'un corfaire pouvoit intercepter le cabotage même de l'ifle & empêcher la communication entre nos colonies.

Cette conduite du général vient de la méfintelligence qui a toujours régné entre lui & le marquis de Bouillé, gouverneur général. Il a voulu lui prouver que fon autorité s'étendoit jufqu'à le priver d'un feul bâtiment du roi. Si cela eft, comme chacun le croit, le comte d'Eftaing eft blâmable d'avoir oublié cette maxime. Le plus-bel éloge d'un homme en place eft de facrifier fes haines particulieres au bien public.

M. le comte de Graffe a été vifiter les ifles Turques avec quatre vaiffeaux pour en chaffer les corfaires qui s'y refugient ; l'on croyoit qu'il pourroit y rencontrer *le Rubis* qu'on favoit en croifiere fur le Cap depuis long-temps ; il eft entré au Cap vingt-quatre heures après la flotte, n'ayant rien vu. L'entrée de la rade du Cap eft difficile ; plufieurs vaiffeaux toucherent, particuliérement *l'Amphion* que nous avons laiffé au Cap, faifant de l'eau confidérablement, ayant de plus la maladie qui regne à Breft, à un tel degré qu'il ne lui reftoit plus qu'un feul homme de fon équipage. Le général a embarqué dix-huit cents hommes de troupes à Saint-Domingue, tant du Cap que du Port-au-Prince, fur les vaiffeaux. La flotte marchande étant très-confidérable, il a jugé néceffaire de la faire efcorter par deux vaiffeaux *le Protecteur* & *le Fier* avec trois frégates *l'Aimable*, *l'Alcmene* & *la Minerve*, cette derniere prife fur les Anglois par M. de Tilly.

Le 10, l'armée s'eft empavoifée à l'occafion de la déclaration de guerre de l'Efpagne à l'Angleterre, que nous avons apprife par le gouverneur de la partie efpagnole de Saint-Domingue. Le comte de Breugnon, commandant en fecond l'armée, s'eft débarqué malade.

M. d'Eftaing donna au chevalier du Rumain le commandement de *la Chimere*, frégate de la premiere force, dont le capitaine avoit paffé fur *l'Amphion* après la mort de M. Ferron, tué au combat de la Grenade.

L'armée navale compléta fes vivres au Cap jufqu'au 1er. novembre, & appareilla du 16 août. Quatre vaiffeaux qui avoient été prendre des troupes au Port-au-Prince, fe rallierent fur *la Tortue*; le convoi fuivoit l'armée : nous paffâmes par le débouquement anglois, qui eft le plus oueft; & lorfque nous eûmes débouqué, la flotte fit route avec fon efcorte, & l'armée s'en fépara la nuit, faifant fauffe route, cachant fa marche autant qu'il lui étoit poffible, pour ne laiffer aucune idée à la flotte fur la route qu'elle tenoit.

Le général fit fes difpofitions pendant la traverfée, pour le débarquement des troupes; il fit paffer les inftructions aux officiers de terre commandans, où tout étoit arrangé & réglé avec beaucoup d'ordre & de fageffe; mais on étoit fûr qu'il ne fuivroit pas fes propres avis lorfqu'ils retarderoient un inftant l'exécution de fes ordres.

Le 2 septembre, l'armée mouilla sur les côtes de la Floride, à caufe de la proximité de la terre, qu'elle n'avoit pas reconnu ; elle effuya un furieux coup de vent qui fit dérader plufieurs vaiffeaux : ceux qui tinrent fur leurs ancres eurent beaucoup à fouffrir ; plufieurs furent incommodés dans leur gouvernail. *Le Vaillant* eut le fien caffé, qui fut enfuite réparé comme on put avec des bordages de rechange. Il navigua en attendant avec la machine inventée par Olivier. Le général avoit envoyé des frégates protégées par deux vaiffeaux, à la reconnoiffance de la terre, & chargées de nous amener des pilotes. *L'Iphigénie*, qui croifoit avec la *Cérès* autour de l'armée, fit trois prifes, *le Victori*, de dix-huit canons, gros navire chargé de vivres pour le compte du roi, d'habits & de fouliers : un brigantin, & une goëlette chargée de draps.

La Chimere, *l'Amazonne* & *le Cutter*, protégés par *le Magnifique* & *le Sphinx*, revinrent, amenant des pilotes Américains de la partie de Charleftown. Nous appareillâmes tout de fuite, naviguant le jour avec précaution, à caufe de la proximité de la terre, & mouillant le foir. Le mercredi 8 feptembre, nous avons reconnu la terre de la Floride. L'armée mouilla le même foir à trois lieues du fanal, à l'entrée de la riviere de Savanah, dans la Nouvelle-Géorgie. Les Anglois n'ont plus que Savanah & Saint-Auguftin, dans la partie du fud, de leurs anciennes poffeffions.

Le général avoit reçu avis par M. de Bretigny, acien moufquetaire du roi, aujourd'hui au fervice des Américains, que les Anglois avoient négligé de fortifier Savanah, qu'ils venoient de prendre fur les Américains dans le voifinage de Charleftown ; qu'ils y étoient fans défenfe avec peu de troupes ; qu'il pourroit faire cette expédition en paffant, fans que cela lui occafionnât le moindre retard, fuppofé qu'il eût d'autres vues. Le génie ambitieux du comte d'Eftaing eft facile à exciter : fur la feule idée du fuccès d'une expédition, quelque dangereufe qu'elle foit, il incline à l'entreprendre.

Il avoit des ordres pofitifs de faire promptement fon retour en France ; on ne peut en douter, d'après la connoiffance des inftructions de M. le marquis de Bouillé, qui fe flatoit après fon départ, aidé par l'efcadre de M. le comte de Graffe, en ftation à la Martinique, de reprendre Sainte-Lucie pendant l'hivernage. Il y a de fortes raifons pour croire que M d'eftaing a fu fon projet, & que, voulant lui ôter le moyen de l'exécuter, il a imaginé de lui enlever l'élite des troupes de la colonie, & de les promener d'expédition en expédition, avec toutes les forces navales ; pendant le tems de l'hivernage.

Là on s'eft emparé de quelques petits bateaux qui cherchoient à s'échapper le long de la côte. Le général vouloit faire le débarquement des troupes le foir ; mais il fe trouva que l'endroit où il fe propofoit de le faire, & qu'il fut reconnoître lui-même avec vingt-cinq hommes, étoit une ifle. Il prit alors le parti d'embarquer toutes les troupes, formant un corps d'environ quatre mille hommes, compris huit cents mulâtres libres , enrégimentés & pris dans la colonie de Saint-Domingue , fur fix vaiffeaux dont il donna le commandement à M. de la Motte-Piquet pour aller faire le débarquement fix lieues plus au fud , dans la riviere Sainte-Marie ; & il emmena avec lui prefque toutes les chaloupes des vaiffeaux , laiffées au premier mouillage. Le chevalier du Rumain eut ordre d'entrer dans la riviere avec fa frégate & deux flûtes armées avec des canons de dix-huit & allégées le plus poffible , pour qu'elles puffent s'avancer jufques fous la ville. Les frégates étoient employées à garder différentes paffes : *le Sagittaire* & *le Fier Rodrigue* bloquoient le Port-Royal.

Ces difpofitions faites , M. d'Eftaing partit avec les fix vaiffeaux de M. de la Motte-Piquet , le 11 *feptembre , laiffant le commandement de l'armée navale à M. le comte de Broves. Il mouilla le foir à la pointe Sainte-Marie , débarqua avec quinze cents hommes dans la nuit , chaque foldat ayant des vivres & de l'eau pour trois jours , felon fon ordre.

Les bâtimens à rames ayant fini ce premier débarquement , voulurent retourner aux vaiffeaux , pour y prendre les troupes qui y étoient reftées. Quelques chaloupes & canots qui s'obftinerent à fortir de la riviere malgré le gros tems , d'après l'ordre pofitif du général , qui ne connoît point de difficultés , périrent. La chaloupe de *l'Annibal* voulut fe fauver le long de la côte ; elle fut rencontrée par un corfaire anglois qui , n'ayant point de vivres , ne voulut pas fe charger de tout ce monde. L'équi-

page mourant de faim, l'officier qui la commandoit attendit le corfaire fur fon fort : il
lui donna pour vingt-quatre heures de vivres,
qui fuffirent pour rejoindre le vaiffeau. Le mauvais tems dura jufqu'au 18, fans qu'il fût poffible de continuer le débarquement, ni même
d'envoyer un canot à terre. Prefque tous les
vaiffeaux mouillés en pleine côte, furent forcés d'appareiller pour s'en éloigner, de crainte
d'y périr.

Pendant fix jours, le comte d'Eftaing refta
fur le rivage avec quinze cents hommes, ayant
leurs fufils feulement, & quelques coups à
tirer, & trois jours de vivres, fans tentes ni
bagages, expofés à une pluie continuelle, affez
près de l'ennemi pour craindre d'être attaqués
à chaque inftant : heureufement il ne fut pas
la difpofition de nos troupes.

Enfin, le tems permit de finir le débarquement : & le comte d'Eftaing, fans perdre un
moment, s'avança à l'ennemi ; il le trouva retranché fous la ville de Savanah à ne pouvoir
efpérer de l'attaquer avec avantage, fur-tout
avec le peu de troupes qu'il avoit. Plufieurs
penfoient qu'il auroit dû alors fe rembarquer.
Il eft certain qu'il auroit mieux fait, fur-tout
l'armée navale étant expofée fur la côte ; mais
c'eft juger d'après l'événement. M. d'Eftaing
pouvoit compter fur les Américains. Le général-major Prevoft paroiffoit difpofé à fe rendre ; fes pourparlers annonçoient qu'il ne vouloit fauver fon honneur par l'apparence d'une
défenfe ; mais le colonel Meklen qui fe jeta
dans la place avec fept cents hommes, par le

crêt Saint-Augustin , changea tout-à-coup ces
difpofitions pacifiques.

Le comte d'Eftaing fit ouvrir la tranchée à la
demi-portée du fufil du retranchement des Anglois avec une hardieffe qui tient à fon courage.
Il falloit des canons , des mortiers , des bombes
& les munitions de guerre néceffaires. L'armée
navale qui devoit tout fournir étoit mouillée à
dix lieues de Savanah. Le tems fut conftamment
mauvais pendant le mois de feptembre ; on étoit
fouvent cinq à fix jours fans pouvoir mettre
un bâtiment à rames à la mer , & obligé de
mettre à la voile , de crainte d'être jeté à la
côte. Il falloit le courage du comte d'Eftaing ,
pour expofer pendant deux mois une armée
auffi confidérable , mouillée en haute mer , en
danger de faire côte par le vent de fud-eft. Ce
ne fut que le lundi 4 Octobre , que les canons
& les mortiers furent placés , & en état de tirer.

Pendant ce tems , les vaiffeaux n'étoient pas
dans l'inaction. *L'amazone* s'étoit emparé le 11
feptembre , après un long combat , de la frégate *l'Ariel*, de vingt canons. Le chevalier du
Rumain , avec *la Bricole* & *la Truite* , s'étoit
avancé dans la riviere ; il avoit forcé la frégate
angloife *la Rofe* à fe brûler , ainfi que plufieurs
bâtimens marchands , & pris un navire chargé
de bois de mâture. Il profitoit de l'inftant de
la haute mer , & s'avançoit chaque marée ,
ayant à fe battre conftamment contre les galeres , qui le harceloient nuit & jour à un tel
point que les capitaines des deux galeres américaines qui le foutenoient , laffés de combattre
à chaque inftant , l'un d'eux fit percer fecré-

tement fa galere par un de fes matelots, à qui il avoit promis cent écus pour la couler bas. Le chevalier du Rumain l'ayant fu, en prit lui-même le commandement : ne pouvant plus s'avancer avec fa frégate, faute d'eau, il fit mouiller *la Truite*, qui tiroit moins d'eau que fa frégate, à la portée du canon des retranchemens des Anglois & de la ville, tirant jour & nuit fur le camp.

Le 27 feptembre, le chevalier de Coëtendo, commandant, *le Lyvely*, s'empara par rufe, & en vrai corfaire, de deux gros navires, l'un chargé de vivres & l'autre d'ancres & de cables, qui fe dirent fous l'efcorte du vaiffeau *l'Epériment*, qui amenoit un convoi à Savanah, & dont ils avoient été féparés par un coup de vent. Sur cet avis, trois de nos vaiffeaux furent l'attendre en croifiere fur le Port-Royal. Le 24, la frégate *la Cérès* s'empara d'un gros navire chargé de vivres, fous l'efcorte de *l'Expériment*. Cette prife & les précédentes ne pouvoient être plus à propos, l'armée commençant à manquer de vivres, & étant à l'économie de tout, particuliérement de l'eau, qui étoit réglée d'une maniere cruelle, même pour les malades : on s'étoit négligé fur ce point important, pouvant faire ufage des bateaux américains qui nous venoient, propres à la navigation de la riviere, & que le roi payoit pour ne rien faire.

L'armée fouffroit de tout, mouillée en pleine côte, expofée à être jetée à terre par le vent de fud-eft. Heureufement nous n'avions que des coups de vent de nord-eft; qui ont endommagé

magé sept de nos vaisseaux dans leurs gouver-
nails : plusieurs ont perdu toutes leurs ancres,
la plupart des équipages sur les cadres, & le
scorbut caractérisé à un tel degré de force,
qu'on jetoit réguliérement à la mer chaque jour
trente-cinq hommes : on n'avoit aucune espece
de rafraîchissement à leur donner, pas même
de la tisanne, faute d'eau, aucun moyen de
soulager la misere de nos pauvres matelots,
sans habits, sans linge, même sans souliers,
absolument nuds, ne mangeant que de la salai-
son, lorsqu'on les faisoit mourir de soif; du
pain qui, depuis deux ans qu'il étoit dans les
soutes, se trouvoit pourri ou dévoré d'insectes,
& ayant contracté un goût si désagréable, que
les animaux domestiques que nous avions à
bord ne vouloient pas le manger : encore fal-
loit-il le leur distribuer par légere portion,
crainte d'en manquer. Voilà une partie de l'ef-
frayant tableau de l'état misérable & cruel de
nos équipages pendant le tems du siege de Savanah, auquel le comte d'Estaing s'acharnoit,
paroissant avoir oublié entiérement ses vaisseaux.
Le peu de matelots qui nous restoient en état
de manœuvrer, étoient sans forces, le teint
livide, tous les traits de la mort peints sur le
visage; on ne pouvoit les considérer sans at-
tendrissement.

Pendant la nuit du 24 au 25 septembre, nos
vaisseaux en croisiere donnerent l'alarme à l'armée, en venant mouiller tout-à-coup au milieu
de nous, lorsqu'ils n'étoient pas attendus : le
motif de leur empressement étoit trop agréa-
ble pour nous en plaindre. Ils apportoient la

nouvelle de la prise de *l'Expériment*, vaisseau de cinquante canons, par *le Sagittaire*, qui le rencontra sur le Port-Royal, démâté de tous ses mâts, & à qui il se rendit sans résistance. Ce vaisseau étoit chargé d'officiers pour l'armée de Savanah ; il portoit le général-major Garth, qui venoit relever le général Prevost : ce qui valoit mieux, c'étoit la paie de l'armée de Savanach, 660000 livres argent de France. Cette nouvelle fit le plus grand plaisir. Nous avons su par les prisonniers de ce vaisseau, qu'il devoit partir un convoi de New-York avec trois mille hommes de troupes pour Savanah, escorté par trois vaisseaux de ligne : M. de Broves fit croiser continuellement quatre vaisseaux pour l'attendre. Ce convoi en fut prévenu sans doute, puisqu'il ne vint pas.

Revenons au siege. Le 23 septembre, les Anglois firent une sortie sur nos travailleurs. M. de Rouvré, qui commandoit la tranchée, ayant sous lui M. O Dune, lieutenant-colonel, les repoussa vigoureusement. M. O Dune étoit ivre ; son courage naturel & le feu du vin l'emportèrent au-delà des justes bornes qui lui étoient prescrites : il en coûta cent cinquante hommes mis hors de combat, dont quarante furent tués, foudroyés dans leur retraite par l'artillerie de l'ennemi. Pour remplacer cette perte, le général fit descendre quatre cents hommes de troupes de la marine, commandés par leurs officiers : ce qui affoiblit encore les vaisseaux, qui furent dès-lors hors d'état de pouvoir combattre, si l'occasion s'étoit présentée, & que Biron fût venu. Le lieutenant de vaisseau qui commandoit ce corps de quatre cents hommes, monta la tranchée, comme officier supérieur, & commandoit à son tour.

Le lundi 4 octobre, nos batteries de canons & de mortiers commencerent à jouer ; le canon fut sans effet contre les retranchemens de l'ennemi, faits de sable, par encaissement en talud. Le boulet ne faisoit que son trou, & s'y perdoit. Les bombes réussissoient un peu mieux ; le général fit tirer des carcasses remplies de térébenthine, qui mirent le feu plusieurs fois à la ville : ce qui désoloit les Anglois, qui y avoient leurs femmes & leurs enfans renfermés, exposés à toutes les horreurs du siege. Le chevalier du Rumain les contenoit du côté de la mer, avec deux galeres & *la Truite*, dont les boulets perdus, qui dépassoient le camp, traversoient les rues de la ville.

Les Anglois essayerent de faire camper leurs femmes & leurs enfans dans une petite isle ; le chevalier du Rumain y descendit en même tems, & les obligea à rentrer dans la ville. Ne voyant plus de ressources, ils s'adresserent au comte d'Estaing, pour obtenir la permission de faire sortir leurs femmes & leurs enfans ; ce qu'il leur refusa, comme devant prolonger le siege qui commençoit à l'ennuyer. Plusieurs femmes prirent leur parti, & vinrent d'elles-mêmes au camp des François : il fallut bien les garder, puisqu'elles ne vouloient pas retourner. Le général Prevost, dont la générosité & l'humanité envers les prisonniers François ne s'est jamais démentie, leur donna des témoignages d'attention & de bonté qui n'étoient pas d'un ennemi : fentiment que l'on doit fans doute en partie à fa femme, née françoife. Il fit dire par un parlementaire, en plaifantant, que notre galanterie ne fe dementoit pas même dans notre maniere de faire la guerre, & que la plus jolie femme de la ville venoit d'éprouver l'effet de nos bombes.

L'état défefpérant & cruel dans lequel fe trouvoit l'armée navale, réduite au tiers de fes équipages, & mouillée dans une pofition où jamais efcadre angloife, de l'aveu des prifonniers, n'eût ofé refter huit jours dans la plus belle faifon, décida M. le comte d'Eftaing, voyant que le canon ne pouvoit faire breche, à brufquer l'affaut. L'ennemi n'avoit pas moins de quatre mille hommes dans les retranchemens, compris les milices, qu'on peut compter. M. d'Eftaing n'avoit point le complet de trois mille hommes fur qui il put compter, & environ mille huit cents Américains, parmi lefquels il n'y avoit qu'un petit nombre de troupes réglées, commandées par Pulaski, Polonois.

Il donna fes ordres pour que les troupes fuffent prêtes à marcher à l'affaut des retranchemens, à quatre heures du matin du 9 octobre. Les difpofitions furent faites en conféquence dans la nuit par M. de Fontanges, major-général de l'armée, & colonel des volontaires du Cap, felon l'ordre de M. d'Eftaing. Il a été généralement blâmé d'avoir à deux heures du matin, au moment de marcher, divifé & fubdivifé les compagnies de grenadiers, leur donnant des officiers étrangers à leur corps, qu'ils ne connoiſſoient pas. Le major Brown, du régiment de Dillon, en repréſenta les conſé- quences, blâma en général l'ordre d'attaque ; il ne fut point écouté : l'événement prouva qu'il avoit raiſon ; mais il y perdit la vie.

M. d'eſtaing fit faire une fauſſe attaque à la droite des retranchemens, ſous une forte bat- terie, tandis qu'il montoit à l'aſſaut par la gau- che ; ayant à traverſer un marais, où le ſol- dat s'enfonçoit dans la fange juſqu'aux genoux, & au bout duquel il avoit un abbattis d'ar- bres très-difficile à traverſer, l'artillerie de l'en- nemi étant dirigée deſſus ; preuve non équivo- que, & qu'on a eue enſuite, qu'ils ont été avertis des diſpoſitions & de l'heure de l'attaque par un Américain. Ajoutons encore à cette aſſer- tion, qu'ils avoient de grandes cocardes blan- ches, une chemiſe par-deſſus l'habit ; ce qui étoit exactement les marques ordonnées pour ſe reconnoître dans la mêlée.

Le général eſſuya le feu de l'artillerie de l'en- nemi qui le chargeoit à mitraille, coupant la colonne par ſon centre. Le général la voyant plier, paſſa à la tête, marcha en-avant avec les plus braves juſqu'aux abattis : il ne fut ſuivi que par trois ou quatre cents grenadiers, & beaucoup d'officiers. Cette petite troupe, gui- dée par le général, monta juſqu'aux retranche- mens, & fut ſe placer dans le foſſé, de ma- niere que les Anglois ne pouvoient pas tirer ſur eux, & qu'ils s'arrachoient mutuellement le fu- fil des mains. Ces braves gens ne furent pas ſecondés : le reſte de la colonne s'arrêta tout court dans le marais, écrasé par l'artillerie de l'ennemi, sans qu'elle avançât.

Le général avoit reçu des blessures graves en traversant les abattis d'arbres, d'où on le tira avec peine : il eut encore assez de force & de courage pour monter à cheval & ordonner lui-même la retraite. Ce fut en se retirant que les braves grenadiers qui avoient pénétré jusques dans le fossé, furent hachés par l'artillerie à mitraille des Anglois, qui tiroient des paquets de hachures de fer, des lames de couteaux & de ciseaux, jusqu'à des chaînes de cinq à six pieds de long. Le chevalier du Rumain devoit aussi faire une attaque avec les galeres du côté de la riviere ; il trouva des difficultés impossibles à surmonter : elle ne se fit pas.

Notre perte fut considérable ; par le compte rendu, elle a été portée à six cents quatre-vingts hommes hors de combat, dont soixante-quatre officiers, parmi lesquels vingt-deux sont morts dans l'action, ou peu après.

Nos troupes font généralement l'éloge des troupes réglées Américaines, commandées par Pulaski : elles retournerent deux fois à l'assaut avec une bravoure étonnante, placerent leurs drapeaux sur le parapet des retranchemens, & se rallierent en bon ordre, après avoir perdu leur chef blessé à mort. Quant à la milice, elle a fui lâchement dans les bois, même avant l'action. Le colonel Meklen, pendant la treve, voulut absolument compter nos morts & blessés, avant qu'on les relevât. La perte des Anglois a été peu de chose ; on ne la porte qu'à quinze hommes tués : c'est même beaucoup, vu la manicre dont ils étoient retranchés.

Le général avec ses deux blessures, celle de la jambe fort grave, ne voulut pas permettre qu'on le portât ; il se rendit à cheval au village de 'Thunderbloc, avec le major-général de Fontanges, qui avoit reçu un coup de fusil au travers du corps. Le général y est resté jusqu'à son retour à son vaisseau le lundi 18 Octobre, après avoir donné ses ordres pour la retraite, qui s'est faite le soir même, commandée par M. de Dillon, dans les chaloupes & canots des vaisseaux, sans être inquiétés. Les Américains s'étoient retirés deux jours auparavant par Charlestown.

Lorsque l'armée navale apprit l'échec de notre armée de terre dans l'assaut du 9, elle avoit ajouté à toutes ses miseres le vaisseau *le Magnifique*, coulant bas d'une voie d'eau qu'on ne pouvoit franchir toutes les pompes du bâtiment, qu'en ne se relâchant pas un instant jour & nuit : on fut obligé de l'acorer d'un navire marchand, afin de pouvoir envoyer à terre les bâtimens à rames qui devoient lui porter les derniers secours.

Notre position devenoit terrible & décourageante : obligés d'embarquer un grand nombre de blessés, sans rafraîchissemens, pas même du linge pour les panser ; & forcés de partir le plutôt possible, par mille raisons, dont la moindre étoit exigeante, aucun lieu de relâche plus voisin que Chésapeak , à cent cinquante lieues , par des vents presque toujours contraires.

Le général vouloit d'ailleurs absolument faire son départ de Savanah pour la France , avec son escadre de Provence ; il falloit par conséquent de l'eau : on trouva enfin le moyen d'en ramasser comme on put dans la riviere , à marée basse , saumâtre ou non. La nécessité , mere de l'industrie , fit faire en quatre jours ce qu'on n'avoit osé tenter pendant deux mois.

M. le comte de Grasse , avec son escadre de huit vaisseaux , fut destiné pour porter à Chésapeak nos scorbutiques & les blessés , & de là faire route pour les isles du Vent. M. de la Motte-Piquet avec trois vaisseaux , y compris *le Magnifique* dans un état dangereux , fut chargé de reconduire au Cap ce qui restoit de troupes tirées de cette colonie. Les frégates furent chargées de porter à la Grenade & à S. Vincent les détachemens de Hainault & de Foix ; le chevalier du Rumain , avec sa frégate & les deux flutes destinées pour Charlestown ; on le croit chargé de la défense en cette place , en cas d'attaque.

Les vaisseaux de Provence se sont trouvés réarmés pour la navigation avec tous les prisonniers , forcés au travail , vu la nécessité. Au moment que le général finissoit de régler ces dispositions , il est survenu un coup de vent qui , par un de ces événemens qui n'arrivent qu'à la mer , le força de mettre à la voile , sans qu'il pût donner ses ordres en conséquence des arrangemens qu'il venoit de faire. M. de Grasse n'en est pas moins parti avec ses huit vaisseaux, ne pouvant pas attendre, à cause de la disette d'eau; de même que M. de la Motte-Piquet, qui est le seul qui ait eu le tems de recevoir les ordres du général pour sa destination; & lorsqu'il fut forcé de couper ses cables & de mettre à la voile, il signala ostensiblement de ne pas faire attention à la manœuvre du général : ce qui signifioit pour l'escadre de Provence qui devoit partir avec lui, de l'attendre au mouillage où il comptoit revenir.

Si l'on objecte le besoin d'eau, le général qui en avoit connoissance avoit sans doute des moyens pour en procurer. L'on n'ignoroit pas qu'il avoit donné ses ordres aux bâtimens de convoi du *Fier Rodrigue*, mouillé à Charlestown avec *l'Iphigénie*, d'en faire, il en est même arrivé un.

Le coup de vent qui avoit forcé le général de mettre à la voile le 28 octobre, cessa le 30; & le 31, M. le comte de Broves assembla les capitaines & tint conseil, dans le cas supposé que M. d'Estaing ne reparût pas; & d'après cette supposition, sans avoir égard au tems qui lui étoit nécessaire pour nous rejoindre, il fut unanimement décidé qu'on mettroit à la voile le même soir, pour s'élever quelques lieues au vent; qu'on y croiseroit quelques jours pour y attendre le général, & que s'il ne paroissoit pas, on feroit route pour la France, M. d'Estaing ayant témoigné vouloir s'y rendre le plutôt possible.

Je me permettrai d'obferver ici que l'apparence du tems ne faifant rien craindre, & étant même favorable à M. d'Eftaing pour nous rejoindre, il falloit au moins lui en laiffer le tems, en fe tenant prêt à la moindre apparence d'un coup de vent. Il étoit même probable que M. d'Eftaing n'avoit plus d'ancres, ayant mouillé les deux qui lui reftoient, dans l'efpoir de ne pas dérader & de tenir bon. Il étoit par conféquent plus que probable qu'il reviendroit pour lever du moins l'une de fes ancres, fi ce n'étoit pour finir de donner fes ordres. Deux jours qu'on auroit refté à l'attendre, en même tems qu'on auroit rempli fes intentions, auroient été profitables aux intérêts du roi, en ce qu'on les auroit employés à lever les ancres des vaiffeaux qui ont été obligés de les couper.

Le 31, M. de Broves appareilla avec partie des vaiffeaux, & fut mouiller demi-lieue au vent du premier mouillage. Le lendemain, autre appareillage pour n'y plus reparoître, laiffant *l'Ariel* chargé de Mulâtres fans deftination. M. du Rumain étoit encore dans la riviere, n'ayant pas reçu fes ordres.

Les frégates partirent pour la Grenade fous les ordre de M. de Marigny.

La premiere nuit de notre appareillage, par le plus beau tems du monde, *le Marfellois* & *le Zélé* fe féparerent & firent route enfemble pour France. *Le Tonnant* & *la Provence* étoient déjà féparés, ayant été forcés d'appareiller quatre heures après *le Languedoc*. M. de Broves, après avoir croiié vingt-quatre heures feulement, fit route à dix-heures du matin, le 2 novembre, avec fept vaifleaux, compris *l'Expériment* & la frégate *l'Amazone*. C'eft ainfi que l'armée navale, par la féparation forcée du général, s'eft divifée & fubdivifée en tant de parties, que fans un miracle il étoit prefqu'impoflible que chacun arrivât à bien à fa deftination.

L'entreprife de Savanah paroît coûter cher à la France, en confidérant l'état des chofes qui y ont rapport. M. le comte d'Eftaing feroit d'autant moins excufable d'avoir expofé nos colonies pour une pareille entreprife, & laiffé les ifles du Vent fans protection, abandonnées à elles-mêmes, donnant aux Anglois en force dans cette partie la liberté de pouvoir entreprendre pendant trois mois ce qu'ils auront voulu, foit de reprendre Saint-Vincent ou bien la Grenade, où il n'y a point d'hivernage, ou d'attaquer même la Martinique affoiblie par les troupes qu'il en a ôtées, continuellement, pour fuivre fes expéditions. Que lui reftoit-il à defirer après le combat de la Grenade, que de retourner en France, felon les ordres de la cour, d'y efcorter le convoi, & laiffer M. le comte de Graffe aux ifles du Vent, avec fes huit vaiffeaux, pour les protéger, & affurer les conquêtes qu'il venoit de faire ?

Le comte d'Eftaing avide de gloire, excité encore par fes fuccès, & aifément féduit par une invitation du fieur de Bretigny qui lui

faifoit voir la conquête de Savanah facile, n'a
pu réfifter au defir qui l'a dominé de hafarder
& d'entreprendre d'ajouter de nouveaux fuccès
à ceux qu'il venoit d'avoir.

Si l'on récompenfoit le zele, & l'activité,
le defir & l'envie de faire beaucoup de grandes
chofes, jamais la France ne pourroit affez reconnoître ce qu'elle doit au comte d'Eftaing.
Avec beaucoup d'efprit, il a l'enthoufiafme
& le feu d'un homme de vingt ans. Entrepre-
nant, hardi jufqu'à la témérité, tout lui paroît poffible; il n'aime pas fur-tout les repréfentations qui lui feroient connoître des difficultés, quiconque oferoit lui en faire feroit fort
mal reçu; il veut qu'on ait fur fes projets fa
maniere de voir & de penfer. Les matelots
le croient inhumain, plufieurs font morts en
lui reprochant leur mifere & fans pouvoir lui
pardonner : mais c'eft un reproche qui tient
à fa maniere dure de vivre, car il eft cruel
pour lui-même; on l'a vu malade & attaqué
du fcorbut, fans jamais vouloir faire de re-
medes, travaillant nuit & jour, ne dormant
qu'une heure après fon dîné, fa tête appuyée
fur fes mains, fe couchant quelquefois, mais
fans fe déshabiller.

C'eft ainfi qu'a vécu le comte d'Eftaing pendant fa campagne. Il n'y a pas un homme dans
fon efcadre qui puiffe croire qu'il eût réfifté à
toutes les fatigues qu'il a fupportées. Qu'on
me demande à préfent s'il eft bon général :
il me feroit difficile de répondre à cette queftion. Il met beaucoup en chance, & joue gros

jeu de hafard. Mais qu'il foit actif ; entre-
prenant jufqu'à la témérité, infatigable dans
fes entreprifes, qu'il conduit avec une ardeur
dont on pourroit à peine fe faire une idée fi
l'on ne l'avoit pas fuivi, qu'il joint à tout cela
beaucoup d'efprit ; c'eft ce dont on fera forcé
de convenir, quelqu'humeur que puiffe donner la dureté de fon caractere.

F I N.